Stanislaw Przybyszewski, Edvard Munch

Das Werk des Edvard Munch - vier Beiträge

Stanislaw Przybyszewski, Edvard Munch

Das Werk des Edvard Munch - vier Beiträge

ISBN/EAN: 9783743424555

Hergestellt in Europa, USA, Kanada, Australien, Japan

Cover: Foto ©ninafisch / pixelio.de

Manufactured and distributed by brebook publishing software (www.brebook.com)

Stanislaw Przybyszewski, Edvard Munch

Das Werk des Edvard Munch - vier Beiträge

Das Werk des Edvard Munch.

VIER BEITRÄGE

von

Stanislaw Przybyszewski,
Dr. Franz Servaes, Willy Pastor,
Julius Meier-Graefe.

Herausgegeben von

Stanislaw Przybyszewski.

BERLIN

S. Fischer, Verlag

1894.

Vorwort.

—

In den Kulturländern besteht bekanntlich die Sitte, einen Künstler bei Lebzeiten verkommen zu lassen, um ihm als Entgelt dafür nach dem Tode Denkmäler zu setzen. Ich befürchte, dass es Munch so ergehen könnte. Er gehört ja jener Künstlerelite an, die unverstanden, einsam durch das Leben wandert, er ist ja von dem Geschlechte derer, für die sich erst spät, sehr spät die Augen öffnen.

Zweifellos ist das Verständnis für Munch sehr erschwert. Unser Kunstideal, das auf einer sehr langen Tradition basirt, ist so unendlich verschieden von dem Munch'schen; die letzte Entwicklungsetappe der Kunst — der Naturalismus — hat uns dem Psychischen und Gedanklichen so entfremdet, unseren Blick für das Tiefe und Abgründige so verflacht, dass es jetzt schier unmöglich ist, sich plötzlich in ein neues Kunstideal hineinzudenken, das sich nicht einmal einer realistischen Technik bedient, das lediglich im Psychischen, in den subtilsten und feinsten Seelenregungen besteht.

Das Verständnis für die grosse Kunst dieses Einsamen anzubahnen, dem Publikum eine so reiche und individuelle Künstlerpersönlichkeit zu erschliessen, ist der Zweck vorliegender Publikation.

Alle die Ideenkeime, die in den Bildern Munch's zur Darstellung gelangen, ruhen fast in jedem differenzirten Menschen; die Welt- und Lebensanschauung, aus der sie entsprossen sind, ist die Welt- und Lebensanschauung unserer Zeit: es bedarf nur eines Hinweises, um das verständlich zu machen, was sonst vielleicht unerklärlich bliebe, und als eine Chimäre, auf die sich der Künstler kaprizirt, gelten könnte.

Und das ist eben das Grosse und Zukunftreiche an Munch, dass All das Tiefe und Dunkle, all das, wofür die Sprache noch keine Laute gefunden hat, und das sich nur als dunkler, ahnender

Zwang äussert, sich bei ihm in Farbe kleidet und so ins Bewusstsein tritt.

Ich war mir sehr wohl bewusst, dass eine so reiche Persönlichkeit nicht einseitig betrachtet werden darf; ich wandte mich daher an die paar Kritiker, welche in ihren bereits gedruckten Kritiken ein volles Verständnis für Munch bewiesen haben, und so bin ich jetzt im Stande, dem Publikum ein Buch zu übergeben, das eine möglichst genaue und von allen Seiten beleuchtete Charakteristik dieses Künstlers enthält.

Bei der Herausgabe bin ich durchaus nicht engherzig gewesen. Das Buch sollte keine Lobhudelei für den Künstler werden, keine Reklame in die Welt ausposaunen. Daher kommt es, dass neben meiner Kritik, die unbedingt für Munch eintritt, eine nur bedingte von Franz Servaes ihren Platz gefunden hat, und an die ruhige objektive Darlegung von Willy Pastor sich eine begeisterte Phantasie von Meier-Graefe anreiht, und diese letztere ist vielleicht das lebendigste Zeugnis dafür, in wie hohem Grade die künstlerische That Munchs einen produktiven Geist befruchten kann.

Ich weiss, dass die üblichen Insinuationen nicht ausbleiben werden, — selbstverständlich überlassen wir gern einem

Jedem die Freude, die künstlerische Ehrlichkeit unserer Absicht anzuzweifeln, aber alle Bedenken konnten mich nicht zurückhalten, ein solches Werk herauszugeben.

Munch als Künstler ist eine absolut ausgereifte, abgeschlossene Persönlichkeit, es ist durchaus ausgeschlossen, dass er auch nur einen Zoll breit von seinem Wege abweiche, und so kann auch von dieser Seite aus betrachtet unser Buch nicht als voreilig gelten.

Ueber den Lebensgang von Edvard Munch ist nicht viel zu sagen. Er ist am 12. Dezember 1863 in Löiten, Provinz Hedemarken, Norwegen, geboren, ist in Christiania erzogen, studirte kurze Zeit in Paris und siedelte vor paar Jahren nach Berlin über. Er entstammt einer sehr alten Familie, aus der viele der bedeutendsten Männer Norwegens hervorgegangen sind, so z. B. P. A. Munch, der erste, der die Geschichte Norwegens geschrieben hat, dann Andreas Munch, ein viel gelesener und sehr begabter Dichter, ferner ein berühmter Maler und Seekapitän Munch, dessen Tochter die Mutter des bekannten Malers Thaulo ist.

Munch ist noch jung und hoffentlich wird er genug Kraft haben, um die

Riesenaufgabe, einen Cyklus zu malen, der das ganze Leben umfasst und von dem der erste Abschnitt „die Liebe" nahezu vollendet ist, zu bewältigen.

Berlin, März 1894.

Der Herausgeber.

Stanislaw Przybyszewski.

Ich hatte einmal einen Traum der buchstäblich in Erfüllung ging. Doch als das durch den Traum vorgedeutete Ereignis kam, da erfasste mich ein eigentümliches Gefühl, seltsam gemischt aus Angst, Grauen, Entsetzen, ein Gefühl von intensem Unbehagen; mein Gehirn bekam plötzlich einen Ruck, weil es merkte, dass das Gesetz von der psychischen Arbeit nach dem kleinsten Kraftmaasse eine Schlappe erlitt.

Und so fing ich dann an, mir die Geschichte zurechtzusetzen. Es ging ja nicht anders zu erklären, als dass mein Gehirn Dinge um sich sah und hörte, die „ich" nicht gesehen, noch gehört habe, die aber das Causalitätscontinuum bildeten, das sich schliesslich in dem Ereignis abgewickelt hatte. Diese Gehörs- und Gesichtseindrücke lagen da irgendwo in den Tiefen eines anderen Bewusstseins, lagen und hielten verwandte Eindrücke fest, ordneten und combinierten sich zu logischen Reihen, bis sie dann plötzlich in Persönlichkeitsbewusstsein traten.

Diese Manifestation meiner Individualität, die sieht und hört, was meine Persönlichkeit nicht wahrnehmen kann, diese Offenbarung von einem Etwas in mir, das ein anderes Leben führt, als das, welches mir bewusst wird, das feinere Sinnesorgane hat, als die, welche mir zu Gebote stehen, das fremde in mir war es, das mich mit diesem Unbehagen erfüllte.

Ganz dasselbe empfand ich, als ich den Bildern von Eduard Munch gegenübertrat; ich stand wieder einmal vor den Offenbarungen einer nackten Individualität, vor den Schöpfungen eines somnambulen, transcendentalen Bewusstseins, vulgo das Unbewusste genannt. Man kann es ja nennen wie man will; ich nenne es Individualität, und als solche ist sie mir nicht etwa ein Klassenbegriff, so dass sie nur die unterste, „eben kaum merkliche" Stufe des Bewusstseins bedeutet, sondern ein Individualbegriff, als Gegensatz zum Persönlichkeitsbewusstsein gedacht. Für mich ist die Individualität das Unsterbliche, Unveräusserliche. Sie ist der Grundstock, auf dem durch Vererbungen fortwährend neue Eigenschaften eingeimpft werden, sie ist die Trägerin der Vererbung: ewig pflanzt sie sich fort und lebt continuierlich seit Uranfang von dem ersten Aufdämmern des Lebens im organischen Keime bis in die höchste Entwickelungsstufe; den Menschen hinauf. Sie ist wie eine Woge, die ewig anschwillt, ein Keim, der sich in ewig neuen Metempsychosen in die Unendlichkeit fortpflanzt, und so ist sie in jedem Menschen der Sammelpunkt all der Merkmale, die alle Glieder seiner ganzen Entwicklungsreihe auszeichneten: eine Pangenesis in dem Sinne, wie sie sich Darwin dachte: jede Samenzelle trägt in sich den ganzen Menschen mit allen seinen Merkmalen.

Die Individualität giebt den Eindrücken die Intensität und Qualität, in ihr liegt der Verknotungspunkt, wo alle Eindrücke zusammenfliessen, wo die heterogensten Dinge als gleichwertig empfunden werden, weil die Individualität auf sie alle mit dem gleichen Gefühlston reagiert; dort wird Farbe zur Linie, Duft zum Tone:

Les parfums, les couleurs et les sons se répondent.

Die Individualität ist das Ewige im Menschen, und weil sie so unendlich älter ist als das junge Gehirn, und weil sie so unendlich receptiver ist als das Gehirn, und weil sie so unendlich feinere Sinnesorgane besitzt, als das Gehirn, so ist sie der Urgrund des psychischen Lebens, sie sättigt die Eindrücke, giebt ihnen Leben, ergiesst sich in sie mit dem mächtigen Blutstrom der Gefühle und Leidenschaften, und so ist sie die Macht, die erschüttert, die Wucht, die den Pelion auf den Ossa stülpt, die Kraft, die überzeugt, der Golf von Wärme, Leben und Puls.

Zwei Menschen sehen eine Landschaft. Einer sieht sie mit seinem armseligen Gehirn: Lichteindrücke, Farben, Formen, Linien, ein schön geordnetes Conglomerat matt, stumpf, banal und langweilig. Anders sieht diese Landschaft in dem Individualitätsbewusstsein. Die Farben werden glühend und heiss und intens; Linien, die ein Kind mit dem Griffel hinkritzeln könnte, bekommen mächtiges pulsierendes Leben, sie treten in Beziehung zu dem intimsten Seelenleben, sie verfliessen mit Seelenformen und man wird eins mit der Landschaft und lebt in ihr und durch sie

Das ist das Geheimnis des intimsten aller Gefühle: der Liebe zum heimatlichen Boden, zum Vaterlande — und das ist das Geheimnis der Empfindungsweise eines starken, grossen Künstlers.

Nehme man doch nur den ersten besten Vorwurf, wie ihn „persönliche" und „individuelle" Künstler ausbeuten: die Rache eines Weibes.

Der Künstler, der nur persönlich arbeiten kann, der nichts ausser den durch Erfahrung aufgespeicherten Formen kennt, der über gewisse traditionelle Denkformen nicht hinausgehen kann, wird wohl eine Vitrioleuse malen, die das herannahende Pärchen hinter einer Mauer erwartet.

Und nun vergleiche man damit eine Radierung von Félicien Rops. Seine „vengeance d'une femme" ist folgendermassen componiert: In einer Katakombe steht ein Weib im Corset und Unterrock. Sie hat den Rock hochgehoben und mit wüster, brutaler, cynischer Grandiosität zeigt sie auf ihr Geschlecht. Vor ihren Füssen liegt ein Sarg, und zu beiden Seiten der Thür, in der sie steht, strecken sich aus Löchern Männerhände heraus, welche die Scene mit Lichtern beleuchten. Das ist die furchtbare Tragödie des Mannes, der durch das Weib zerstört wird, und das ist das Weib, die babylonische Dirne, das ist Mylitta und die apokalyptische Hure, das ist Georges Sand und Nana zugleich: ein Riesensymbol ist es von dem ewigen, wüsten Kampfe der Geschlechter.

Der Prozess dieser Schöpfung ist ein synthetischer. Rops hat hier einen Eindruck festgehalten, der wie im momentanen Aufblitzen des Magnesiumlichtes den tiefsten Seelengrund beleuchtet, den Eindruck jenes intensivsten Hasses, der in dem Auge eines selbst unendlich tiefliebenden Weibes aufblitzen kann. Doch dieser Eindruck wuchs aus, schwoll an, reifte, suchte nach persönlichen Formen, die durch das Auge ins Gehirn kommen und hier kleidete er sich in die Gehirnformen eines Weibes, das vor dem Sarge des gestorbenen Mannes steht.

Der ursprüngliche Eindruck, der in die tiefsten Seelenschachten hineinkam, hier Wurzeln fasste, um wieder ins Gehirn auszuwachsen, ist symbolisiert, verdeutlicht, umgeformt, in einen Vorgang gekleidet, aber nicht festgehalten als solcher, nicht nackt dargestellt.

Edvard Munch ist es, der es als Erster unternommen hat, die feinsten und subtilsten Seelenvorgänge darzustellen, sowie sie spontan, völlig unabhängig von jeder Gehirnthätigkeit in dem reinen Individualitäts-Bewusstsein erscheinen. Seine Bilder sind geradezu gemalte Präparate der Seele in dem Momente, in der alle Vernunftsgründe schweigen, jegliche Vorstellungsthätigkeit aufgehört hat zu wirken: Präparate der tierischen, vernunftlosen Seele, wie sie sich windet und in wilden Stürmen aufwirbelt, und in düsterem Dämmerungszustande hinsiecht und in wilden Schmerzenskrämpfen schreit und vor Hunger heult.

* * *

Von seinen Bildern, die er im Dezember vorigen Jahres ausstellte, greife ich nur den Cyklus: „Liebe" heraus, weil diese Bilderserie die erschöpfende Charakteristik von Munch giebt. Es sind zusammen sechs Bilder: Frühlingsstimmung, Kuss, Vampyr, Eifersucht, Verzweiflung, Madonna.

Das erste Bild stellt im Vordergrund ein junges Mädchen dar, das in einer mystischen Zwielichtbeleuchtung zur Hälfte verschwimmt; zwischen intensiv grünen Bäumen sieht man ein Meer, das mit dem Himmel zusammenfliesst, einen Mond, der sich in dem Wasser spiegelt und wie ein chemisches Reagenzglas aussieht, und ganz im Hintergrunde, halb im Himmel schwimmend, ein Schiff.

Man sieht, das Gegenständliche ist furchtbar Nebensache, aber in der Stimmung wirkt es sehr stark. Das ist die Sehnsucht der Pubertät. Das wird plötzlich geboren, es wächst, schwillt an, gestaltlos verschwimmend, es rollt hin und her und ballt sich zusammen und schreit nach Formen und Gestalt. Und da kann es kommen, dass Himmel und Erde zusammenfliessen, und die Bäume zu grünen Telegraphenstangen werden, und alles um einen im Wirbel herumkreist, und das Blut kocht und überströmt die Augen. Das ist die Sehnsucht des Werdens und des Beginnens, die ganze schmerzhafte Sehnsucht des Auswachsens, die Bangigkeit des gespannten Erwartens: das intense In-sich-hinein-Horchen, halb Grauen, halb Lust auf dem wollüstigen Untergrunde der geschlechtlichen Erregung. Das ist Venus Anadyomene, wie sie so herrlich Richard Dehmel symbolysiert hat.

Das zweite Bild stellt den Kuss dar. Man sieht zwei Menschengestalten, deren Gesichter ineinander verschmolzen sind. Es giebt nicht einen einzigen erkennbaren Zug: man sieht nur die Verschmelzungsstelle, die wie ein Riesenohr aussieht und das in der Extase des Blutes taub wurde, es sieht aus wie eine Lache von flüssigem Fleisch: etwas Widerliches liegt darin. Diese Art der Symbolisierung ist allerdings etwas ungewöhnlich; aber die ganze Brunst des Kusses, die furchtbare Macht der geschlechtlichen, schmerzhaft lechzenden Sehnsucht, das Verschwinden des Persönlichkeitsbewusstseins, das Verschmelzen zweier nackten Individualitäten, ist so ehrlich empfunden, dass man über das Widerlich-Ungewöhnliche hinauskommt.

Das dritte Bild stellt eine Madonna vor. Es ist ein Weib im Hemde mit der charakteristischen Bewegung der absoluten Hingebung, in der alle Organempfindungen zu Erethismen intensester Wollust werden; eine Madonna im Hemde auf zerknitterten Laken mit dem Glorienschein des kommenden Geburtsmartyriums, eine Madonna in dem Momente erfasst, in dem die geheime Mystik des ewigen Zeugungsrausches ein Meer von Schönheit auf dem Gesicht des Weibes erstrahlen lässt, in dem die ganze Tiefe ins Empfinden tritt, da der culturelle Mensch mit seinem metaphysischen Ewigkeitsdrange, und das Tier mit seiner wollüstigen Zerstörungswut sich begegnen.

Auf dem nächsten Bilde giebt Munch die Darstellung von Liebe und Schmerz: Ein gebrochener Mann und auf seinem Nacken ein beissendes Vampyrgesicht. Der Hintergrund ein merkwürdig chaotisches Gemisch von blauen, purpurnen, grünen, gelben Farbenflecken, ineinander gemischt, verfliessend, nebeneinander gelagert und gezackt, wie kleine Krystallformen. Es ist etwas furchtbar Ruhiges, Leidenschaftloses in diesem Bilde: eine unermessliche Fatalität der Resignation. Der Mann da rollt und rollt in abgründige Tiefen, willenlos, ohnmächtig, und freut sich, dass er wie ein Stein so willenslos rollen kann. Den Vampyr wird er doch nicht los, den Schmerz wird er auch nicht los werden, und das Weib wird immer da sitzen, und wird ewig beissen mit tausend Natternzungen, mit tausend Giftzähnen.

Das Bild ist vielleicht am individuellsten empfunden. Peripherisch mag wohl Liebe ein Glück sein: im Persönlichkeitsbewusstsein giebt die Liebe eine Befriedigung, sie steigert so wunderbar die Geisteskräfte, sie sättigt so herrlich die Sinneseindrücke, sie bestrickt so wunderbar das Gehirn, dass es wie eine Rouletkugel um die paar armseligen Grenzpflöcke der Glückseligkeitsempfindung herumrollt; aber die uralte Seele des Sonnengeflechtes, die alle, alle Stürme der Evolution, alle Krämpfe der Zuchtwahl erlebt hatte, empfindet anders die Liebe. In ihren Tiefen wird sie zu einem stechenden Schmerz, zu einem beissenden Vampyr, zu einer scheusslichen Qual, das Weib nie und nie loswerden, nie und nie die hungernden Dämone der Sinne befriedigen zu können. Und mitten hinein in die herrlichste Glücksempfindung bricht das Feuerlava des alten Vulkans hinein; und nun kommt der Augenblick, in dem man erkennt, dass das ganze Glück eigentlich nur eine Madenseligkeit ist, die die Sonne im Schmutz ausgebrütet hat.

Ein anderes Bild aus demselben Cyklus „die Eifersucht" betitelt, stellt eine Landschaft dar mit fingerdicken Contouren im blödsinnigen, stumpfen Hell-Dunkel. Vorne sieht man, wie auf chinesischen Bildern, einen Männerkopf aus dem Rahmen herausblicken, mit einem Auge, das wie ein Dreieck aussieht: ein Symbol der Ewigkeit einer der banalsten und quälendsten Empfindung. Das ganze stupide, starre Brüten einer in die wahnsinnigste Verzweiflungsidiotie umgekippter Leidenschaft liegt in diesem Bilde. Das Bild ist geradezu der gemalte physiologische Vorgang von Licht und Farbenempfindung eines Cicisbeo; es ist geradezu die gemalte Philosophie von leidenden Zuchtwahlsempfindungen. So bildet sich eine Landschaft in dem Gehirne eines Männchen ab, dem ein Weibchen intimster Zuchtwahl von einem anderen erobert wird: der wilde vorgeschichtliche Kampf um das Weibchen wurde zu dem kulturellen tristen, feigen, stupiden Resignationsbrüten.

Endlich das letzte Bild: „Die Verzweiflung." Auf einer Brücke, oder so etwas Aehnlichem, es ist ja auch vollständig gleichgiltig, was es darstellt — steht ein Fabeltier mit weit aufgesperrtem Rachen. Der Held der Liebe existiert wohl nicht mehr; das Geschlecht ist aus ihm gekrochen und nun schreit es in die ganze Natur hinaus nach neuer Offenbarung, in der es von neuem dieselbe Qual, denselben Kampf durchleben könnte. Es ist etwas furchtbar Makrokosmisches in diesem Bilde, es ist das Schlusstableau eines furchtbaren Kampfes zwischen Gehirn und Geschlecht, aus dem das letztere siegreich hervorgegangen ist. Denselben Kampf, in derselben Grandiosität freilich mit anderen Mitteln hat unter den Malern nur ein einziger dargestellt: der Franzose Delville: Ein Mann mit einem furchtbaren Thorax ringt nach Erlösung; jeder Muskel eine Hölle von schmerzhaftem Erlösungsverlangen, jede Sehne ein Rückenmarksstrang mit einer Welt schmerzlicher Brunst, die Qual loszuwerden. Aber um die Hüften hält ihn ein Höllenweib umschlungen, dessen Leib in ein riesenhaftes, völlig individualisiertes Geschlecht ausläuft. Das ganze Weib ist eigentlich nur ein Riesengeschlechtsteil. Um sie beide ein Netz von Dornen und Venen; der ganze Riesenplexus von Gebärmuttervenen hat sich um sie gewunden und das Geschlecht-Weib lacht und lacht aus vollem Halse zu der herrlichen Himmelfahrt des Manngehirnes. Die Entwicklung dieses Kampfes giebt uns Munch. Das Gehirn ist in Zerstörung erlöst und das Geschlecht, das Urewige schreit nach neuen Opfern.

Von ganz besonderem Interesse ist auf diesem Bilde das Landschaftliche. Es ist eine Gefühlslandschaft, wie überall auf den Munchschen Bildern. Solche Landschaften sind eben nur Empfindungskorrelate, ebenso wie die rohe, musiklose Interjectionsmusik eines Wilden nur das absolute Correlat seiner Affecte ist. Eine merkwürdige Empfindungsmystik liegt da darin, etwa wie Baudelaire bei Beschreibung einer Herbstlandschaft sagt: (Confiteor de l'artiste:) toutes ces choses pensent par moi ou je pense par elles, car dans la grandeur de la rêverie, le moi se perd vite; elles pensent, dis-je, mais musicalement, et pittoresquement, sans arguties, sans syllogismes, sans déductions.

Aus dieser Stimmung heraus hat sich auch Gautier eine Landschaft geträumt mit einer metallnen und marmornen Perspektive, in der alles starr und poliert ist. Doch was bei diesem sinnlichen Ciséleur der Worte nur reines Gehirnraffinement ist, das nur eine konstructive Phantasie in Scene setzte, das ist bei Munch reines, naktes Individualitätsempfinden. Seine Landschaft ist das absolute Correlat zu dem nakten Empfinden; jede Vibration der in höchster Schmerzensextase blossgelegten Nerven setzt sich in eine entsprechende Farbenempfindung um. Jeder Schmerz ein blutroter Fleck; jedes langgedehnte Schmerzgeheul ein Gurt blauer, grüner, gelber Flecke; unausgeglichen, brutal neben einander, wie etwa die kochenden Elemente werdender Welten in wilden Gestaltungsbrünsten.

* * *

Trotz der Unmengen von Kritiken, die seit einer Reihe von Jahren wider und gegen Munch erscheinen, hat kaum ein Kritiker, das Centrale in Munchscher Kunst erfasst. Man hat an ihn eben den Maassstab eines Künstlers im traditionellen Sinne angelegt, eines Künstlers, der durch unendliche Tradition vorbereitet, über eine Unmenge von Formen, Linien und Farben verfügt; dann suchte man ihn mit den Symbolisten in einen Topf zusammenzuwerfen, und schliesslich wusste man gar nicht, was man mit ihm anfangen soll. Man kann es den Kritikern nicht übel nehmen: es ist ein bischen schwer, sich im

Munch zurechtzufinden. Alle bisherigen
Maler waren Maler der äusseren Welt, jedes
Gefühl, das sie darstellen wollten, kleideten
sie in irgend einen äusseren Vorgang, jede
Stimmung haben sie erst mittelbar aus der
äusseren Umgebung entstehen lassen. Die
Wirkung war immer mittelbar durch das
Mittel der äusseren Erscheinungswelt. Seelische Phänomene, durch äussere Vorgänge
états d'âmes, durch états de choses auszudrücken, war die bisherige unverbrüchliche
Tradition, die kein Maler zu verletzen wagte.
Mit dieser Traditon hat Munch vollständig
gebrochen. Er sucht seelische Erscheinungen
unmittelbar mit der Farbe darzustellen. Er
malt so, wie nur eine nackte Individualität
sehen kann, deren Augen sich von der Welt
der Erscheinungen abgewendet und nach Innen
gekehrt haben. Seine Landschaften sind in
der Seele geschaut, als Bilder vielleicht einer
platonischen Anamnese; seine Gestalten sind
musikalisch empfunden, rhythmisch, seine
Felsen stehen wie Teufelsfratzen im Spuk
des Fiebers, seine Wolken sehen wie spek-
troskopisches Farbengemenge aus; die Grenze
des Horizontes existiert nicht, die Schiffe
scheinen auf dem Himmel zu fahren: seine
Bilder sind eben absolute Correlate gewisser
Empfindungsgruppen. Es ist somit ein ganz

neues Gebiet der Kunst, das Munch zum ersten Mal betreten hat und er muss auch als der Erste betrachtet werden; er hat keine Vorfahren, er hat keine Tradition, und wenn er noch welche hat, so wird er sie hoffentlich bald ganz und gar über Bord werfen.

Munch will, um es kurz zu sagen, einen psychischen, nakten Vorgang nicht mythologisch, d. h. durch sinnliche Metaphern, sondern unmittelbar in seinem farbigen Aequivalente wiedergeben, und aus dieser Betrachtung heraus ist Munch der Naturalist seelischer Phänomene par excellence, ganz in demselben Sinne, wie Liebermann etwa der rücksichtsloseste Naturalist des Äusseren ist.

Er malt Spuk und Lebensangst, er malt das Chaos des Fiebers und die ahnende Bangigkeit der Tiefe: er malt eine Theorie, die sich nicht logisch abwickeln kann, sondern nur dumpf und unklar im Schweisse wüstester Angst empfunden wird, so etwa, wie man den Tod empfindet und sich ihn doch nicht vorstellen kann.

Und in diesem Gebiete giebt es keine Formen, die durch künstlerische Auswahl und Traditionen geschaffen werden, die ästhetischen Gesetze, die doch nur aus dem Äussern entwickelt wurden, haben hier

keine Geltung; es giebt nur einen Drang,
sich werdende Begriffe durch jäh zusammen-
geraffte rohe Symbole, durch unklare, halb
verschwommene Antropomorphismen zu versinnbildlichen; es giebt nur den Überschwang
der nach Gestaltung schreienden Triebe, ein
Überschwang, wie ich ihn nur einmal bei
dem artiste-prêtre Wagner (Théo) gesehen
habe: Ein Weib mit gespreizten Beinen, mit
wüst verzerrtem Gesichte einer Besessenen
und mit einem fürchterlichen, abwehrenden
Bewegungsélan. Und um diese furchtbare
Bewegung auszudrücken, den ganzen Wahn-
sinnssturm von Bewegungsimpulsen, die
schon im Keime durch ein unnennbares,
grauenhaftes Entsetzen paralysiert wurden,
giebt der Maler dieser Gestalt vier, fünf
Beine und so viele Arme in den verschiedensten Abwehrstellungen.

Und so ist Munch für mich der Maler
des psychischen Gestaltungsdranges von
Gefühlsimpulsen, der Maler des psychischen
Überschwanges, mit dem sich ein Gefühl
in seiner höchsten Intensität kundgiebt, daher
das Rohe, Übertriebene, Fratzenhafte in
seiner Malweise. Munch hat den Mut der
Fratze, sagt sehr geistreich mein Freund,
Peter Hille.

Das sind alles Produkte eines Gehirnes

in dem denkbar labilsten Bewusstseinszustande, in dem Bewusstes und Unbewusstes ineinanderfliessen; das sind Erzeugnisse eines Bewusstseins, das alles geschaut und eine andere Tradition besitzt, wie das junge Persönlichkeitsgehirn, das kaum über ein Menschenalter verfügt, das sind Erscheinungen, die psychologisch genommen auf der Stufe von Erscheinungen des reinen individuellen Lebens stehen; Vision, Hellsehen, Traum u. s. w.

Munch hat eine Tradition, freilich eine, von der er kaum etwas wissen wird, nämlich eine litterarische.

Es giebt nämlich in Brüssel und in Paris eine Anzahl selbtverständlich(!) „ganz verrückter" Menschen, die auf eine selbstverständlich „ganz hirnverbrannte Idee" verfallen sind, die feinsten und subtilsten seelischen Associationen, die leisesten und intimsten Gefühlsäusserungen, die wie Schatten durch die Seele huschen, in Worten wiederzugeben.

Ihre Seele, ihr Inneres ist die einzige Realität, ein Kosmos, und wie die Prozesse dieser Welt sich abwickeln, wie die geheimsten Gründe und Wurzeln dieser Welt momentan zum Vorschein kommen, wie die Eindrücke sich aus den Tiefen in das Bewusstsein im Dunst und Nebel hinaufarbeiten, um im nächsten Augenblicke zu verschwinden, wie die leise Unruhe des Gebärens, die schwache Dämmerung des Werdens durch die Seele zittert, wie ein Wirbelsturm in brausender Wuth hinaufpeitscht, dieses auszudrücken, in Worten festzuhalten, im musikalischen Klang des Wortes wiederzugeben, haben sie sich zur Aufgabe gemacht.*)

Es giebt keine Vorgänge mehr in dieser Kunst; die Eindrücke werden in ihrem ewigen va-et-vient vorgeführt ohne logische Zusammenhänge, welche durch die Reflexion entstehen; das kontrollierende Bewusstsein wird verschmäht, weil es das Seelenbild verschiebt, denn es konstruiert logische Reihen, die ursprünglich nicht vorhanden sind.

Diese Kunst wirkt nur durch Wortklang, der eine Stimmung ausdrückt, oder durch eine Reihe von Bildern, welche diese Stimmung durch Anspielungen und Andeutungen suggerieren.

---

*) Leser, die sich dafür interessieren, verweise ich auf Maeterlincks Serres chaudes (Brüssel bei Paul Lacombiez. 1891, nouv. édit.)

Nommer un objet, sagt Stephane Mallarmé, c'est supprimer les trois quarts de la jouissance du poème qui est faite du bonheur, de deviner peu à peu; le suggérer, voilà le rêve.

Ich muss darauf verzichten, tiefer auf diesen Gegenstand einzugehen und seine Bedeutung für die Entwicklung der Kunst zu untersuchen; vorläufig ist diese Kunst nur für die Wenigen da, die ein noch so leises Gefühl mit demselben ästhetischen Entzücken geniessen können, mit dem andere sich an wohlgebauten rhythmischen Gedankengängen ergötzen, — die an dem Aufdämmern einer namenlosen Stimmung in der intimsten Tiefe grössere Freude haben, als an den klarsten Objekten und ihrer Zusammenfügung zu Vorgängen.

Und diese Künstler sind die wertschaffenden, die Neugestalter, die wirklichen Aristokraten des Geistes, und ein solcher Aristokrat, every inch ist Eduard Munch. Denn das ist er mir thatsächlich mit dem stolzen Ingrimm, mit dem er den wüstesten Kritiken Trotz bietet, die nach Nietzsche das Maass des Menschlichen überschritten haben, und an das Tierische grenzen; das ist er mir mit der schweigsamen Einsamkeit derer, die ihre eigenen Pfade gehen und mit dem grossen Verhängnis von denen, die nach Barbey d'Aurevilly bei Lebzeiten nur einen einzigen Ausweis für ihr Genie haben: Hunger und Elend.

Franz Servaes.

In Paris erregten jüngst die Bilder des Malers Gauguin Aufsehen, die der Künstler als Frucht eines dreijährigen Aufenthaltes auf Tahiti mitheimgebracht hatte. Er hatte einmal Europa und aller Cultur entfliehen wollen, um bei wilden Völkerschaften, um unter ursprünglichen Lebensbedingungen ganz die Natur und den Urmenschen in sich wiederzufinden.

Dieser Entdeckungsausflug eines europamüden Künstlers in die Barbarei und Wildnis Polynesiens wirft auf eine vielfach auftauchende Culturstimmung unserer Zeit ein grelles Streiflicht. Man fühlt sich an einem toten Punkt angelangt, wo der Intellekt, der grosse Pfadfinder, sich überkugelt hat und mit gebrochenen Gliedmassen, marschunfähig, am Wege liegt. Man hat das Zutrauen auf den Geist, den Geschmack an Raffinement verloren, und man verwendet seinen Rest an Raffinement und Geist darauf, um den Weg zur Primitivität und zur Einfalt zurückzufinden. Unsere Allervorgeschrittensten liebäugeln schon auffällig mit dem Idiotismus und bekunden eine merkwürdige Vorliebe einerseits für das Fötale und andererseits für das Bestialische. Jeder Mann soll Adam und jedes Weib soll Eva werden, um ganz seiner Instinkte wieder mächtig zu werden und rein aus den Instinkten heraus einen neuen Menschen aufzubauen. Man will den Typus „Mensch" auf seine Urform bringen und dann, gleichsam von selber, sich neu entwickeln lassen. Nur so glaubt man den widersinnigen Ballast einer irregeleiteten Cultur endgültig von sich abwerfen und mit reingewaschenen Sinnen und gesteigerter nervöser Empfänglichkeit ein neues Leben und eine neue Civilisation herbeiführen zu können.

Das ist ein Untergrund, der fast überall vorhanden ist, wo die Kunst neue Wege und neue Ziele, neue Stoffe und neue Formen sucht. Stuck malt seine Kentauren und Hofmann seine Paradiesesknaben, aus keinem anderen Grunde, als aus dem Liebermann seine Bauernweiber und Uhde seinen Bauernchristus gemalt hat. Sie alle wollen den Culturfirnis herunter haben, um so oder so ein nacktes Stück Menschenleben oder Tiermenschenleben zu enthüllen. Gauguin ist noch einen Schritt weiter gegangen und ist nach Tahiti gereist, um nicht blos in der Phantasie, sondern auch in der Wirklichkeit allen Culturplunder in sich zu töten und Primitivität nicht blos zu malen, sondern auch zu leben.

Im Gegensatz zu allen diesen Leuten steht, obwohl im innersten Kern mit ihnen verwandt, Eduard Munch, der Norweger. Er braucht nicht Bauern und nicht Kentauren und nicht Paradiesesknaben zu malen, und er braucht auch nicht nach Tahiti zu gehen, um die Primitivität der Menschennatur zu erblicken und zu durchleben. Er trägt sein eigenes Tahiti in sich, und so schreitet er mit nachtwandlerischer Sicherheit durch unser verworrenes Culturleben, gänzlich unbeirrt, im Besitz seiner durchaus culturlosen Parsifal-Natur.

Der reine Thor in der Malerei — das ist Eduard Munch.

* * *

In einer mattbeleuchteten Landschaft sind ein nackter Mann und ein nacktes Weib.

Der Mann steht, wie in den Boden festgewurzelt, steif unter einem Baum, das Weib wandelt mit katzenlangsamen Schritten, still und gleichmütig dem Meere zu. Rotgolden fällt die Pracht ihres Haares bis fast auf den Boden, und der Mann starrt wie gebannt auf die gleissnerisch niederwallende Flut. Eine Strähne hat sich freigemacht und geht wie ein Leitseil vom Haupt der Frau zu ihm hinüber, legt sich ihm um den Hals, fällt hernieder auf die Brust, wächst ihm mit tausend Wurzeln fest ins Herz. Unlösbar ist er durch rotgoldene Haarschlingen an das entfliehende Weib gefesselt. Vergeblich legt er die Hand auf das krampfdurchzuckte Herz. Sie wird es ihm aus dem Leibe reissen — oder sie wird ihn nach sich ziehen, heraus aus der kraftspendenden Muttererde, auf das verderbenlauernde Meer hinaus, und da wird sie mit ihrem Haar seine Glieder fesseln, und er wird nicht rudern können und hülflos im Wogengetriebe versinken.

So sieht wohl ein Kind oder ein Wilder die ewige Verführung des Mannes durch das Weib. Durch ein Symbol, das zugleich Realität ist, plumpe handgreifliche Realität, durch eine lebendige Haarsträhne, die eingewachsen ist in ein lebendiges Herz, wird eine ungreifbar feine seelische Verbindung bis zur Absurdität verdeutlicht und versinnbildlicht. Aber gerade in dieser Absurdität, die durch ihre Sinnenfälligkeit etwas Grausiges hat, verrät sich die eigentlich mythenbildende Kraft der Munch'schen Phantasie, eine Kraft, die unter Kindern und Wilden einst Grosses gewirkt hat, und die nun wie ein vergangenheitskündender Runenzeuge in unsere helle nüchterne Gegenwart hineinragt. Auch wir verlangen vielleicht nach einer Mythologie, die die unendliche Complicirtheit unseres unablässigen Ringens mit dem Lebensrätsel uns zu versinnbildlichen vermöge. In Beethovens Musik und Klingers Kunst dämmert uns etwas davon. Vor Munch's Malereien aber stehen wir wie vor einer Offenbarung aus der Urzeit, als noch gerade Linien gingen von Mensch zu Mensch, und der Mensch selbst noch ein ungebrochenes Wesen war mit allerhöchstens zwei Seelen in der Brust, deren er sich ahnungsvoll bewusst wurde — anstatt dass wir jetzt von tausend Seelen auf einmal bestürmt werden und uns im Wirbeltanz um uns selber drehen, bis wir in Rausch und Ermattung dahinsinken und endlich aus tiefen Schwindeln erwachen zu schmerzenvoller Nüchternheit.

Über Vieles haben wir das Staunen verlernt, was Munch wie ein bedeutsam wirkender Mystagoge ans Tageslicht zieht und uns in unglaublich naiv ersonnenen Symbolen zeigt. Und wir staunen darüber, dass er noch zu staunen vermag, und mehr vielleicht noch über die groben Mittel, mit denen er sein Staunen ausdrückt. So will er das Ewig-Wandelbare im Weibe versinnbildlichen — und was thut er? Er malt als Umrahmung zu einem kleinen Doppelbilde, in dem das stille und stürmische Werben des Mannes geschildert wird, drei nackte Frauengestalten, von denen die eine gelb, die andere grün, und die dritte violett ist: das Weib, wie es in verschiedenen Farben schillert. Man wird unmittelbar an die Hyeroglyphenweisheit auf altägyptischen Denkmälern erinnert. Oder ein andermal: auf dem Mittelbilde der Tod, der ein brünstiges Weib küsst, eine packende Symbolisirung jener Todesschauer, die die höchste Liebe und die nahende Geburt erwecken. Dann aber, um nur ja unzweideutig zu sein: auf dem einen Flügelstreifen von dunklem Violett goldgelbe zuckende Samentierchen, und auf dem andern zwei glotzäugige Embryos mit grossen Köpfen und dünnen Leiberchen. Wieder wird man an jene altbarbarische Priesterweisheit erinnert, die zugleich etwas Tiefsinniges und etwas Furchtbares hat.

Kurz, Munch ist ein nachgeborener Urweltler, von dem ein Paläontologe etwas lernen kann. Er kann an ihm wichtige psychologische Studien machen, und über die Phantasie und Gefühlswelt unserer ältesten Vorfahren, über den Ursprung ihrer Poesie und Religion bedeutsamen Aufschluss gewinnen. Die Primitivität bei Munch ist nichts Erworbenes, nichts nach Vorbildern Entstandenes, sondern etwas Angeborenes, Wurzelfestes. Sie ist das Geheimnis und innerste Wesen, zugleich aber auch die fühlbare Schranke seiner Natur.

Denn diese Primitivität ist so organisch bei ihm, dass sie sich auch auf die Form erstreckt. Doch hat diese nicht, wie etwa bei Stuck, etwas archaisch Stilisirtes. Das würde bei dem durch und durch nordischgermanischen Munch, in dessen Blut keinerlei altererbte Kultur, kein geronnenes Formenbewusstsein schläft, etwas Fremdes, Ungehöriges sein. Die Primitivität seiner Formensprache ist vielmehr die eines Knaben, und oft in dem Grade, dass der Beschauer beim ersten Anblick an Schulbubenwitze zu denken versucht ist. Für einen Menschen mit vorgeschrittener Differenzirtheit des

Gesichtssinnes muss der Anblick gewisser Munch'scher Bilder dadurch geradezu unerträglich werden, weil er eine Formensprache und Gesichtsthätigkeit, die er in sich längst überwunden hat, hier wieder vorgebracht und angewandt sieht. Nur wer ganz vom psychologischen Gesichtspunkte aus, diese Stumpfheiten und Unzulänglichkeiten in das Persönlichkeitsbild richtig einzufügen versteht, kann, wenn auch keinen ästhetischen Genuss davon haben, so doch die organische Notwendigkeit dieser Knabenhaftigkeiten erkennen. Wenn z. B. ein Fieberkranker fratzenhafte Schreckbilder sieht, so malt Munch nicht etwa nebelhaft verschwommene und schreckhaft verzerrte Erscheinungen mit raffinierter Technik in das Gesichtsfeld des Kranken, sondern er kritzelt auf's Gerathewohl mit ein paar ungelenken Strichen kindische Köpfe an die Wand. Er findet sich in so uncomplicirter Weise wie nur eben möglich, mit seiner Aufgabe ab, und ich zweifle nicht, dass für seine unentwickelte Sensibilität diese Lösung etwas völlig Befriedigendes hat. Von Ungeschicklichkeiten dieser Art wimmelt es auf den Munch'schen Bildern. Bald malt er den auf dem Meer ruhenden Mondschein wie einen gelblichen Glascylinder, bald malt er Klippensteine wie weiche Käsemassen, bald menschliche Köpfe wie eirunde Flächen, in denen ein paar ungefüge Schlitze, Augen und Mund andeuten. Dann wieder rückt er Farben hart und grell aneinander, ohne Abtönungen, so dass auf einzelnen Gemälden sein Farbensinn auf dem Niveau von Jahrmarktsbuden-Bildern zu stehen scheint. In guten Stunden hat er aber dafür eine Farbensprache, die an lebendiger Gewalt kaum irgendwo zurückzustehen braucht, und die wie aus mystischen Urtiefen der Seele heraufzukommen scheint. Dazu gehört besonders jenes specifisch Munch'sche Dunkelblau-Violett, das in Verbindung mit einem anderen mehr in bleichen Silberschein getauchten Blau, die traumvolle Poesie nordischer Mondnächte wundersam vor uns heraufbeschwört.

* * *

Indes, was sind Farben und Formen für Eduard Munch? An sich nichts, oder sehr wenig. Auf manuelle Geschicklichkeit und verblüffende Technik legt er kaum irgendwelchen Wert, und es ist ihm gleichgültig, ob seine Freunde dies bedauern und seine Gegner darüber frohlocken. Er ist weniger Sinnenmaler als Innenmaler, er ist weniger naturalistischer als visionärer Impressionist.

Eine Phänomenologie der Seele in Bildern — das erscheint als das Ziel seines künstlerischen Wirkens.

Gerade darin ist Munch echtester Nordländer. Die südlich gedankenlose Sinnenfreude geht ihm ab. Er vermag nicht, am Schein hängen zu bleiben, und sei dieser auch noch so lockend und berückend. Er grübelt sich tief in das Wesen der Dinge hinein, und die Dinge nehmen dann oft eine ganz andere Gestalt für ihn an, als sie dem harmlos-fröhlichen Auge zeigen. So tritt etwas Spukhaftes in die Munch'schen Bilder ein, aber es ist nicht der alte Märchenspuk, es ist ein moderner Seelenspuk. Es ist die Gespensterwelt, die das Menscheninnere aus sich heraus gebiert, nicht die, von der uns die Grossmütter einst erzählt haben. Kein gläubiges Hinnehmen, ein lebendiges Neugestalten ruft sie hervor, ein inneres Erschauen und Erleben, eine mystisch uns überkommende Stimmungsgewalt. Es ist der hinter den Dingen webende Sinn, der uns mit fernem Blinzeln verräterisch anspäht. Und in unserer tiefsten Brust entsteht ein zweites Gesicht, dass das erste ganz in Bann schlägt und auf neue Art zu schauen zwingt. Wir sehen die Welt plötzlich „anders".

Ein Verliebter schlendert abends, als

schon die Sonne zur Rüste geht und in grellen Fensterreflexen zwischen das schleichende Dunkel blitzt, durch die volkbelebten Strassen einer Grossstadt und denkt an die ferne Liebste. Die körperliche Nähe der vielen Menschen, die unaufhörlich ihm entgegenfluten, bedrückt ihn, beängstigt ihn fast. Er möchte fliehen. Aber da sieht er hinten etwas, was ihn an die Geliebte erinnert, eine Hutschleife vielleicht nur, oder den Ring eines Sonnenschirms. Etwas wie Fieber fährt in sein Blut. Er reisst die Augen weit auf. Aber die Erscheinung, statt zu schwinden, verdoppelt sich und wächst an Stärke. Schon glaubt er das Gesicht der Liebsten in einem fremden Frauenantlitz aufleuchten zu sehen, bleich und maskenhaft im zunehmenden Dämmer des Abends. Er reibt sich die Augen. Er will nicht. Er weiss, es ist Unsinn. Bedrängnis überfällt ihn. Angst steigt ihm zur Gurgel. Fort aus dem Menschentrubel, aus dem Häusermeer, das auf ihn niederzufallen droht! Da — wie er um die Ecke biegt — plötzlich, drei-, viermal, nein zwölfmal und zwanzigmal, die ganze Strasse entlang in jedem Frauenkopf, das Gesicht der Geliebten, zur Larve erstarrt, medusenhaft. Und überall dasselbe Kleid, und derselbe Hut mit der grünen Schleife, und stets auch, schräg im Arm, der Sonnenschirm mit dem baumelnden Elfenbeinring. Und alle Gesichter sind wächsern, mit aufgerissenen Augen und hysterisch-bleichen Lippen, die fest aufeinandergepresst sind. Dunkel umschwillt sie, die ganze Strasse kommt ins Wogen. Blos hinten, die gelbgleissenden Fenster, leuchten und funkeln wie Raubtieraugen . . .

Ein derartiges Seelenphänomen, wie es ähnlich wohl fast Jeder kennt, der einmal die ganze seelenaufrührende Macht der Liebe mit ihrem Gefolge von Einbildungen und Beklemmungen über sich ergehen liess, hat Munch zum Vorwurf eines Bildes gemacht. Wie Albdrücken wirkt solch ein Bild, je länger man es ansieht, und mehr und mehr rückt man in die Seelenstimmung dessen ein, der in einem Moment gespanntester Exaltation so die Welt erblicken konnten. Was flüchtig wie ein Angstschauder uns durch die Seele fuhr, was, wie ein Aufblitzen des Wahnsinns, plötzlich Abgründe und Höllenschlünde vor uns öffnete, hier wird es im Bilde festgehalten — ein Versuch, der noch nie gemacht worden und der vielleicht absurd ist, aber der in seiner Absurdität so kühn und interessant erscheint, dass man den stärksten Eindruck davon mitheimträgt, als ein in die Phantasie gepfropftes Ferment.

Besonders die erotischen Gemütsstimmungen sind es, die derartige Seelenphänomene in uns produciren und die Welt vor unseren Augen verwandeln, und daher hat Munch auch einen Cyclus „Die Liebe" unternommen, in dem er diesen und verwandten Erscheinungen nachspürt. Er zeigt uns das eben zur Reife gelangte Mädchen, wie es seinen „Sommernachts-Traum" hat, d. h. wie in einer bleichen Mondnacht am Meer zum ersten Male der Geschlechtswille sich steif in ihr emporreckt, und wie das Mädchen einsam-brodelnd im Gehölz umherschweift, alle Glieder nervös gespannt, die Hände auf dem Rücken ineinandergekrampft, den Kopf in den Nacken geworfen, und die Augen aufgerissen, weit und vampyrhaft aufgerissen. Die Welt aber ist ein Gemisch von Nebligem und Grellem, von sinnlich Schmeichelndem und rauh Abschreckendem. Sie raunt und flüstert: „Kämpfe deinen Kampf. Es hat ihn noch Jeder gekämpft. Und jeder ist dabei ins Paradies und in die Hölle gekommen." Ein anderes Bild aus dem Cyclus heisst „Das Madonnengesicht". Es ist der Moment kurz vor dem höchsten Liebesrausch und der seligsten Hingabe. Das Weib, seiner heiligsten Erfüllung nahe, bekommt einen Moment von überirdischer Schönheit. In schwärmerischer Verzückung wird der Kopf zurükgeworfen, dass ein Strahlenglanz darum aufzuleuchten scheint, und die gelösten Haare fliessen weich und wellig nieder. Der liebende Mann, der dieses Anblickes teilhaftig wird, kann dabei wohl die Vision einer Madonna erhalten. Dann aber der entgegengesetzte Moment der grossen Verzweiflung: alles, was früher schön war, jetzt ist es hässlich — alles was ausgeglichen war und tief-harmonisch, jetzt gellt es durcheinander in kreischenden Dissonanzen. Ausgestossen, ausgespieen auf die Strasse irrt das verlassene Weib umher, im zerschlissenen Hemdchen, sich selbst ein Hohnbild und eine verzerrte Fratze. Die Welt ist ein Tollhaus, und in Tollhausfarben, wüst durcheinanderkreischend, in brünstigem Rot und fluchendem Gelb, ringelt sich der Himmel wie ein geschüttelter Streifenteppich. Die Erde zittert, die Laternenpfähle wanken, die Menschen werden nichtige Schatten. „Ich" nur existire, in meinem endlosen Jammer. Aber auch mir ist der Leib zusammengeschrumpft zu einer eklen Wurmgestalt. Das Einzige was ich fühle, sind meine Augen, die glotzen, ist mein Mund, der schreit. Glotzen und schreien, schreien und glotzen, und dabei die Eingeweide sich umundumgedreht fühlen, —

das ist das Einzige, was wahnwitzige Liebesverzweiflung vermag.

Und das Ende von allem, der Tod. Lange Schatten wirft er vorauf und schwebt mit dunklen Fittichen über dem höchsten Glück der Liebe und dessen süssester Erfüllung. Auch er giebt dem Menschen ein zweites Gesicht, narrt ihn mit Fieberphantasieen und reisst alle Glanzhüllen vom Elend der Wirklichkeit. Wie dem Fieberkranken die Welt erscheint, das hat Munch zu malen versucht. Ich sprach schon von den Fratzengesichtern, die für missglückt zu erachten sind. Aber daneben sieht man die Angehörigen, teils blass, teils rot, und für den Kranken wie von tiefblauer Dunstwolke umgeben. Sie zittern und bangen in Lebensbrunst und Todesfurcht, und sind wie Schafe dicht aneinandergedrängt an dem Schmerzenslager des Kranken. Ihn selbst sieht man nicht. Aber was er sieht, und wohl auch was er dabei empfindet, davon giebt uns Munchs Bild eine gute Ahnung: Schwüle und Fieber beherrschen die ganze Stube und lassen alle Farben schwählend auflodern. Dann aber, auf einem anderen Bilde, die bleierne Schwere des eingetretenen Todes. Kahl und hart und nüchtern alle Farben und Konturen. Wie ein eisiger Bann hat es sich über Alle gelegt. Das Schweigen ist nicht mehr bebend und erwartungsvoll, sondern reglos, athemlos, tot. Die Einen kauern, schwer betroffen, wie von Reuegedanken gequält. Andere huschen lautlos hin und her, etwas verhängnisschweres in den Gesichtszügen, die hysterisch verzerrt sind. Ein junger Mann aber drückt die Thürklinke und schleicht sich hinaus. Er will die drückende Atmosphäre des Totenzimmers los sein . . .

Auch auf diesem Bild ist der Tote selbst nicht zu sehen. Die Bettkante verbirgt ihn. Dafür enthüllt uns ein anderes Bild des Todes Antlitz ganz und gar. Da liegt eine alte Frau mit bleichen verschrumpften Gesichtszügen ausgestreckt auf der Bahre, ganz gehüllt in die Sterbefarbe von weissen Linnen. Tief und glatt fallen sie herab und zacken sich unheimlich ab gegen das unten lauernde gesättigte Violett. Oben aber, in breitem Querausschnitt, öffnet sich ein Fenster, und aus all dem Leichendunst blicken wir hinaus in den jung grünenden Frühling.

Was kümmert es die Natur, ob drinnen in der fahlen Kammer eine Tote liegt? Sie zeugt und gebiert unaufhörlich, und unaufhörlich vernichtet sie.

* * *

Die Natur ist für Munch das grosse Mysterium, gleichwie sie es für die alten Mythendichter war. Wo der Banause nur Leblosigkeit erblickt und tote Materien, da sieht das Auge das Visionärs das Walten wirkender Geister. Jeder Abendspaziergang am Meer bescheert eine märchenhafte Fülle sonderbarer Gesichte. Die Steine grinsen, aus den Wassern heben sich Rücken schauriger Gestalten, bald da bald dort witterts von huschenden Dämonen. Ganz heilig und heimlich aber wirds, wenn die Nacht ihren Mantel ausspannt, und das Heer der Sterne heraufzieht. Magisches Blau flutet dann vom Himmel herab, tausendfach durchzittert von dem scheuen Glimmen kleiner Glitzerpünktchen. Schweigend und einförmig liegt das Meer von mattem Glanz übergossen. Breite Felsen und dunkle Wälder ragen als schwarze ungegliederte Massen, zartumflimmert, in die Luft. Die Düne legt sich grau und weich hin. Hie und da blinzeln Lagunen wie Augen eines schlafenden Tieres. Ueber allem aber schwebt der Hauch der Gottheit und zwingt zur Ehrfurcht und Frömmigkeit. Kann nicht jeden Augenblick dort oben auf der Spitze des Felsens die Gestalt des Wanderers Wotan auftauchen? Müssen diese Nacht und dieses Meer nicht Götter gebären?

Dies ist der Charakter Munch'scher Landschaften, wie sie von geheimnissvollem Leben und unfassbarer Mystik durchpulst sind. Zuweilen aber ruft der Charakter einer Gegend und Witterung unmittelbar Visionen menschlicher Wesen hervor, und ein rätselhaftes Erleben scheint sich darin auszusprechen. So auf dem gewaltigen Sturmbild. Da hat sich unten in einer Thalmulde ein undeutlicher Schwarm langgewandeter Gestalten zusammengefunden, wie in zitternder Angst vor dem dämonischen Naturereignis. Droben aber braust, alles niederbiegend, der Orkan. Die schwarzen Pappeln krümmen sich wie Reihen sklavischer Diener, und es zuckt und flimmert in der hohen blauen Luft. Nur ein Haus, ein grober viereckiger Kasten, liegt unbeweglich oben, wie ein unflätiges Ungetüm, und seine Fenster brennen in gelbem Lichtglanz, unheilkündend, in die dunkle Sturmnacht. Was geht da vor sich? Wer sind die scheuen Schatten in der unwirschen Schlucht? Warum sind sie allen Unbilden der garstigen Witterung ausgesetzt, während doch nahebei Bergung zu finden wäre? Ist es droben, wo die Fenster so unheimlich leuchten, vielleicht noch schlimmer als im grausigsten Toben der entfesselten Elemente? Oder was für ein Teufels- und Hexenspuk ist da eigentlich los?

Grausig ist die Nacht mit ihren tausend verborgenen Gefahren. Aber verderblicher noch ist der Tag, wenn die grelle Sonne unbarmherzig vom Himmel herunter brennt und mit scharfen, stechenden Strahlen alles Lebendige niedersengt. Dieses Naturwalten hat Munch auf einem seiner eigenartigsten Bilder wirksam symbolisirt. Da sitzt ein alter Fischer in seinem Kahn und ist hinausgefahren aufs blaublaue Meer. Heimtückisch brütet über allem die Sonne. Das Segel, ein grosser schwefelgelber Fetzen, hängt träg herab, wie von Glut erschlafft. Der Alte sitzt zusammengesunken auf seiner Ruhebank, lässt die Hände unthätig in den Schoos und den Kopf müde auf die Brust sinken. Er ist unfähig sich weiter zu wehren und zu schützen: mag ihn ein Hitzschlag hinwegraffen. Am Steuerruder aber sitzt, dort wo die Farben am giftigsten sich stechen, der gelbe Tod, ein grinsendes Gerippe, und schaut auf seine Beute ...

Hier ist eine gegebene Naturstimmung unmittelbar in Phantastik umgeschlagen und hat sich mit zwingender Macht zu einem konkreten Bilde verdichtet.

* * *

Ein Maler, der wie Munch mit allen Fasern im Psychologischen wurzelt, und der auch eine Landschaft nicht anders widergeben kann, als indem er ihre Seele sich zu eigen macht, muss unbedingt ein feinspüriger Porträtist sein. Unzweifelhaft hat Munch bisher im Porträt sein Reifstes und objektiv Geniessbarstes geleistet. Schon vor einer Reihe von Jahren schuf er die Bildnisse eines norwegischen Dichters und eines norwegischen Malers, die an Persönlichkeitsauffassung mit das Tiefste bieten, was die moderne Malerei hervorgebracht hat. Zu diesen Bildern hat er im Laufe des letzten Jahres das einer Dame gefügt und darin uns abermals ein Stück moderner Seele zauberkräftig erschlossen.

Munch hat das Bildnis ganz hineincomponirt in eine Stimmung des von ihm so geliebten mystischen Tiefblau. Schmal und fein wächst die Gestalt uns entgegen, gleichfalls aus tiefdunklen Tönen emporblühend, so dass das sparsame Licht sich ganz auf die geistig belebten Gesichtszüge zurückzieht und sie gleichsam scheu umduftet. Etwas Spürendes, Suchendes liegt auf diesem Antlitz. Der Kopf ist leise gehoben, und leise sind die Lider gesenkt, unter denen die Augen klug und vorwitzig hervorblinzeln. Um die

Nüstern spielt feines Leben. Der Mund ist halb geöffnet, als sauge er mit der stärkenden Nachtluft zugleich ein unsagbares Parfüm von erlesenem Seelenduft ein. Die weichfliessenden Wangen münden in ein zartgebautes, frauliches Kinn, und der aristokratische Bau des seltenen Kopfes ruht auf schlankem, dünnen Halse, der kühn und selbstbewusst zwischen den gutausladenden Schultern getragen wird. Es ist etwas vom edelsten Crême des modernen Weibes, das Munch in dieser Gestalt und in diesem Kopf festgehalten hat, etwas vom unauslöschlichen Trieb nach Höherartung, von Sehnsucht nach immer feinerer Differenzirung, nach Ausleben der eigenen Individualität und doch auch wieder von Hingabe der Individualität an einen Mann, um so den vollen Persönlichkeitszauber erst ganz zu entfalten und selbst intim zu geniessen.

* * *

So wächst aus Munch'schem Urweltboden doch schliesslich auch die Blume vom köstlichsten Duft der Modernität — eine Ausnahme indess, die der Künstler selbst sich nicht oft zugesteht. Denn nicht das Vollendete, das Ganze, das Fertige oder gar Ueberreife reizt Munchs malerische Arbeitskraft. Das Unerschlossene, das Unzugängliche, ja das Unmögliche ist es, was den Traum seiner Nächte — und Tage erfüllt. Denn Munch ist ein Träumer am hellen Tage. Alles was auch nur im Mindesten Convention ist, hat jegliche Anziehungskraft für ihn verloren. Es langweilt ihn, davon zu hören, noch mehr, selbst etwas derartiges schaffen zu sollen. Nur in sich hineinlauschen will er, und aus sich herausgebären schwankende Gebilde von keimender Gestaltung. Wenn er dann auch für die Gegenwart nichts Bestandkräftiges und Ausgewachsenes erschafft, so ist es doch immer — Dünger für die Zukunft. Und darin besteht Munchs kunsthistorische Bedeutung. Wir finden bei ihm nie erschaute Ansätze, kindische, lallende vielleicht, aber doch Ansätze zu etwas Neuem, Zukünftigem, zu einem phantastischen Bilderkreis über die Wunder der innersten Seelenwelt.

Willy Pastor.

Unter den Rubensgemälden der Berliner Galerie befindet sich ein Historienbild, das von jeher die Aufmerksamkeit der Kenner in besonderem Masse gefesselt hat: die „Eroberung von Tunis durch Karl V." Eine unzählige Menge von Köpfen und Gestalten hat Rubens in den beiden Menschenwogen, die da aufeinanderprallen, zusammengedrängt. Aber nur die wenigsten sind genauer ausgeführt. Das Werk ist Skizze geblieben und achtlos geht die Menge vorüber an diesem Bild, aus dessen grossen Andeutungen sie so wenig herauszulesen vermag. Auf das feinere Auge jedoch wirkt gerade dieser unfertige Zustand eher anziehend als abstossend. Es bietet sich ihm die Gelegenheit, einen Künstler in der intimen Umgebung seiner Arbeitsstätte kennen zu lernen, und aus Erfahrung weiss es, dass der Künstler im ungezwungenen Negligé sich eher gehen lässt, als in der steifen Galatracht der Gesellschaft.

Die Erwartungen werden nicht getäuscht. Kein Gemälde des grossen Vlamen kenne ich, in dem seine Schaffensweise sich deutlicher verfolgen liesse, wie in dieser Skizze der „Eroberung von Tunis". In grossen braunen Massen, aus denen nur wenige oscillirende Farben hervortauchen, sind die nebensächlichen Gruppen zusammengefasst. Nur die wichtigsten Linien geben Aufschluss über die einzelnen Formen und Bewegungen; und auch diese fast überall in einer mehr als eindeutigen Weise. Je näher wir aber dem Mittelpunkt des Gemäldes und der Handlung rücken, um so klarer und vielgestaltiger werden die Farben, um so fester und bestimmter die Linien. Der Mittelpunkt selbst vollends ist ausgeführt bis in die kleinsten Einzelheiten. Der Kaiser und sein Feldherr sind gewissenhafte Porträts; die beiden Reiter in ihrer Nähe, die im Nahkampf auf einander losschlagen, und deren Pferde sich so wild verbeissen, bilden ein vollendetes Genrebild.

Das ist die Schaffensweise Rubens': ein wüstes Farbengewirr, in dem die Personen seiner Handlung chaotisch durcheinanderwirbeln, steht am Anfang, dann klären sich die Farben und ordnen sich zu einem abgetönten Ganzen; die Gestalten werden ruhiger, sichtbarer; Gruppen heben sich ab, noch undeutlich im Einzelnen; dann wird es auch bei ihnen licht; die Elemente scheiden sich mehr und mehr, die Personen werden ausdrucksvoll in Miene und Haltung, und klar geht endlich die Sonne auf über dem vollendeten Werk der Schöpfung.

So arbeitete Rubens. So arbeitete seine Zeit, ja so arbeitete bisher unsere ganze Kunst. Ueberall dieses Sichherausarbeiten aus einer anfänglich unklaren Allgemeinheit zu scharf ausgeprägten Besonderheiten. Das ist die grosse Triebkraft, die von der mittelalterlichen Gothik zur neuzeitlichen Renaissance führte. Das verblendet im Grossen die Entwickelungsphasen der einzelnen Künstler. Das zeigt sich auch blöden Augen erkennbar in der Reihenfolge der Stadien, die vom ersten Entwurf eines Gemäldes zu dessen Vollendung hinleiten. Das endlich erklärt die Paläontologie eines Gemäldes, seine einzelnen Farbenschichten von der ersten Untermalung bis zur letzten Feile unter der Lasur.

* * *

Als die Berliner Kunstkritik vor nicht ganz einem Jahre sich in der Lage sah, über den jungen norwegischen Maler Edvard Munch ihre ehrenwerthe Meinung zu äussern, da lautete die allgemeine Diagnose kurz und deutlich auf „verrückt". Aber so ärgerlich man über die Zumuthungen dieses jungen Künstlers sein mochte, so konnte man sich's doch nicht versagen, dem Grünschnabel, der nicht ganz ohne Begabung schien und offenbar nur von bösen Buben verführt war, einige gute Ratschläge mit auf den Weg zu geben. Zweimal sah man ihn seitdem wieder, und zweimal konnte man sich überzeugen, dass die guten Ratschläge hier zu spät gekommen waren. Der Kerl war bereits verstockt. Die probatesten Geheimmittel hatte er sich aufzunehmen geweigert. So blieb denn der Kritik nichts übrig, als den ursprünglichen Positiv ihrer Diagnose in den Comparativ und schliesslich in den Superlativ zu steigern.

Unter den wahnsinnigen Gemälden, die Munch diesmal einem Berliner Publikum aufzutischen sich erdreistet hatte, war eins der wahnsinnigsten betitelt „Ein Tod". Wer es ist, bei dem der Tod da soeben Einkehr gehalten hat, das lässt sich beim besten Willen nicht erkennen. Nicht einmal ob es ein Mann ist oder eine Frau, wird uns verraten. Nur ein Stück des Hemdärmels und die Bettdecke, die man um den Unterleib geschlagen hat, sind angedeutet. Alles Übrige ist verdeckt vom Rücken des grossen Sorgenstuhls, in dessen Armen der Tod sein Opfer erreicht hat. Der Leiche gegenüber sitzt ein älterer Herr, der Arzt vielleicht; erkennen lässt auch er sich nicht; ein weisser Bart, drüber ein farbiger Fleischklumpen, ohne Augen, Nase und Mund. Ausserdem noch vier Personen, von denen drei im verlorenen Profil gegeben sind, und nur eine das Gesicht uns zuwendet.

Wer die Ausstellung Munch's mehr als einmal besucht hat, dem bot die Art, wie die verschiedenen Besucher auf den Eindruck dieses Gemäldes reagirten, ein nicht wenig ergötzliches Schauspiel; ein überrashtes Angaffen des Bildes, unsicheres Kopfschütteln, darauf ein Blick in den Katalog, abermaliges Hinstieren, schliesslich ärgerliches Kehrt, begleitet von einem unverständlichen Gemurmel, aus dem so etwas wie „Verrückt!" herausklang. Wahrhaftig, unsere Kritiker konnten zufrieden sein: sie hatten wieder einmal genau die Meinung des Volkes getroffen.

Zu diesem Bilde aber waren noch zwei Studien ausgestellt: eine flüchtige Zeichnung und eine Farbenskizze. Merkwürdig, wie viel mehr Glück diese Vorstudien fanden als das ausgeführte Gemälde. Die kleine Zeichnung namentlich. Das waren doch bestimmte Linien, bei denen sich etwas denken liess. Auch die Farbenstudie ging noch an. Zwar waren die Linien da schon flüchtig, aber man merkte doch noch, wie der Künstler sich in das Psychologische des Vorganges vertiefte. Wie fein zwar z. B. der unauffällig beobachtende Seitenblick des Arztes, wie natürlich die Bewegung der Pflegerin, die noch über die Leiche gebückt den Kopf leise hebt und fragend zum Arzt hinübersieht. Und gerade solche Feinheiten liess Munch bei der Ausführung fallen. Die Pflegerin wurde steif in der Haltung, der junge Mann, dessen heimliches Sichfortstehlen aus dieser trostlosen Umgebung in der Zeichnung so gut hervortrat, bekam im ausgeführten Gemälde etwas von der Formengebung des kleinen Moritz. Und gar der Arzt — auch nicht das Geringste mehr von Ausdruck; ein wüstes Farbengeklecks an Stelle des Gesichts.

Alles in Allem: das ausgeführte Bild nahm sich aus wie eine flüchtige erstmalige Untermalung, die erste Skizze wie die letzte Detailausführung. Der Anfang stand am Ende, das Ende am Anfang — und die

Kritik sollte mit ihrem Urteil im Unrecht sein?!

* * *

Die ausgestellten Gemälde Munchs entrollen den künstlerischen Entwicklungsgang eines halben Jahrzehnts. Das älteste Bild, eine schlichte Dorfscene, „Sommerabend" betitelt, stammt aus dem Jahre 1888. Unter den Besuchern fand gerade dieses Stück den meisten Beifall. Ein schlechtweg modernes Gemälde. Impressionistisches Vermeiden allzufester Linien, aber doch eingehende Detailausführung, in einer Technik, die dem Kenner Beifall abnötigt. An dergleichen intime Sittenstücke hat man sich allmählich gewöhnt, und so kam die Kritik mit dem Publikum überein, dass Munch, wenn er wolle, ein ganz leidlicher Maler werden könne.

Bedenklicher lauteten schon die Ansichten über das „Mädchen am Strande" (1889), das sich vor zwei Jahren auf der Münchener Ausstellung befand. Die Hauptperson des Gemäldes, das Mädchen, das, auf einem erratischen Block sitzend, nachdenklich ins Weite starrt, liess man noch gelten. Zwar war von den Freiheiten des Impressionismus ein etwas weitgehender Gebrauch gemacht, aber bei der entschiedenen

Vollendung der technischen Ausführung konnte man das noch übersehen. Sogar mit der Ausführung des Meeres, das in nebelhaft verschwommenen Farben aufgeht, hätte man sich noch abfinden können. Die Art jedoch, wie Munch das Durcheinander der erratischen Blöcke am Ufer wiedergab, dieses absichtliche Missachten der Formen, diese unbedingte Willkür im Kolorit, das konnte selbst die nachsichtigste Kritik nicht gutheissen. In einem Ton, aus dem es herausklang, wie die Gereiztheit eines persönlich Verletzten, machte man Munch darauf aufmerksam, dass er fernerhin seine Malweise ändern, oder auf die Gunst der Kritik verzichten müsse.

Und die Antwort Munch's? — In den neuen Gemälden seiner Ausstellung hat er sie niedergelegt. In gerader Linie führt er die Entwicklung weiter, die von der Dorfscene zum Strandidyll leitete. Diese Entwicklung aber entspricht genau derjenigen, die von der Zeichnung jener Todesscene zur Farbenstudie, und von dieser zum fertigen Gemälde leitet.

Der Vergleich zweier Bilder mag uns die Ziele Munch's erläutern: „Der Tod" (Katalog Nr. 9) und „Eine Leiche (13 b).

Eine bereits in Verwesung übergegangene

Frauenleiche, aufgebahrt in einem Raum, dessen Fenster einen Ausblick bieten auf das frisch knospende Frühlingsgrün eines Waldes, das ist der Vorwurf des ersten Gemäldes. Der schauerliche Ernst dieses Werkes, der Gegensatz zwischen dieser Leiche, auf deren Mund der Geifer längst eingetrocknet ist und durch deren morsch zerfallende Muskeln der Schädel seine toten Formen bereits hindurchzwängt, der Gegensatz zwischen diesem Bild des Verfalls und dem jugendlich aufblühenden Grün des Waldes muss selbst den oberflächlichen Beschauer ergreifen. Der Kenner findet ausserdem Gelegenheit, das technische Geschick Munch's zu erproben. Die drei Farbenschichten — das Hellgrün im Hinter-, das Tiefblau im Vordergrund und zwischen beiden das giftige Grünblau der Verwesung — sind wohl gegeneinander abgewogen. Vorzüglich hat Munch es verstanden, in dem räumlich umfangreichen Mittelgrund mit seinen schillernden Farben jede Monotonie zu vermeiden durch Zwischenfügung kräftigerer Werte, wie der farbensatten Farnkräuter auf der Bahre.

Nun wende man sich von diesem Bild weg zum zweiten (13 b): nichts mehr von irgendwie klarer Anordnung. Die Bäume im Hintergrund in den allgemeinen Formen, wie ein Halbblinder sie sehen mag; das Totengesicht ohne bestimmte Züge; die ganze Umgebung wie aufgelöst in wesenlose Farben. Nun aber diese Farben selbst — wie wunderbar ihre gegenseitige Abtönung! In allen Linien und Formen ist Munch nachlässig geworden, in den Farben jedoch hat er sich vertieft. Sie sind es, mit denen er allein wirken möchte; die Linien stören ihn, so achtet er sie nicht, ja giebt ihnen mit bewusster Absicht mehr als eindeutige Windungen, um immer und immer wieder das Auge auf die Farbe zurückzuführen. Dass er damit aber thatsächlich wirken kann, das, dächte ich, müsste der Gegensatz zweier Werke, wie „Tod" und „Leiche" jedem unbefangenen Auge klar machen.

* * *

Die zeitliche Reihenfolge der Werke Munch's, das Verhältnis seiner Skizzen zu den ausgeführten Werken, der Federzeichnungen zu den Gemälden: in alledem giebt sich mit unzweideutiger Klarheit eine bestimmte Erkenntnis und ein fester Wille kund. Man mag sich zu dieser Kunst stellen, wie man will, mag sie verfehlt, entartet, krankhaft finden: blosse Schrullen, eigensinniges Sichverbeissen in zufällige Launen liest aus ihr nur der heraus, dem sie völlig unzugänglich ist. Wenn irgendwo, so haben wir im Entwickelungsgang Munch's die klare Manifestation einer künstlerischen Überzeugung.

Aber nicht nur unter sich bilden die Werke dieses Künstlers ein organisches Ganzes: auch in der grösseren Entwicklung der modernen Malerei stehen sie nicht als Ausnahme da, sondern harmonisch fügen sie sich ein und ohne Brechung führen sie die grosse Linie von Millet zu Böcklin weiter.

Auch diese Thatsache möchte ich an einem Vergleich erläutern.

Man kennt die Landschaft Böcklin's mit dem Mörder und den drei Furien (Galerie Schack, 209). Eine düstre Landschaft, vom wildesten Sturm durchwühlt, ist alles, was Böcklin geben wollte. Keinem Landschaftsmaler vor ihm wäre es eingefallen, das in der symbolischen Weise zu thun, die er wählte. Man hätte sich begnügt, in den jagenden Wolken, den gepeitschten Bäumen die Wirkung des Sturmes zu schildern, im Uebrigen aber die Landschaft so naturgetreu wie möglich darzustellen.

Das ist Böcklin nicht genug. Sein grossartiger Pantheismus will den Sturm so schildern, wie er auf seine innersten Tiefen gewirkt hat. Er fühlt sich verwandt mit diesem Sturm, mit der allgegenwärtigen Kraft, die in ihm lebt. Da erscheint er ihm als etwas Verhängnissvolles, etwas entsetzlich Unheilschwangeres. Er sucht nach Bildern, die seine Empfindungen erläutern könnten. Und nun steigt vor ihm das Bild eines Mörders auf, der, von Gewissensbissen gepeitscht, wahnsinnig aufspringt und vor dessen bluterfüllten Augen die ganze Welt in düsteren, übergewaltigen Farben verschwimmt.

Neu ist uns noch diese Empfindungsweise, die mit tausend gierigen Lippen sich festsaugt in das innerste Wesen aller Erscheinungen, die sich eins fühlt mit Allem, was sicht- oder hörbar den Sinnen sich aufdrängt. Nach groben Mitteln muss der Künstler greifen, will er dem Verständnis nahe bringen, was tief in seinem Innersten sich regt. Das ist es, was ihn zwingt, in Symbolen zu reden. Der Drache seiner Alpenlandschaft, der tote Reiter im Herbstgemälde, die Furien des Sturmes, alles das sind Notbehelfe, die später einmal so störend wirken werden, wie heute die Moralanhänge alter Dramen. Einstweilen aber scheint das voraufgeeilte Genie solche Dolmetscher, die seine noch unbekannte Sprache dem zurückgebliebenen Geschlecht vermitteln, noch nicht entbehren zu können. Beweis: der Fall Munch.

Ich wies auf Böcklin's „Sturm" hin. Man vergleiche diese Landschaft mit der gleichnamigen Eduard Munch's (Katalog 6). Dieses Werk, das zwischen der eigentlichen Schaffensweise beider Künstler mitten inne steht, ist geeignet, den Fortschritt klar zu machen, den Munch in der Geschichte der Malerei darstellt. Munch hat in diesem Bild noch nicht völlig auf die verdeutlichende Symbolik verzichtet. Auch er wählt noch einen bestimmten Vorgang, um das Drohende, Beklemmende eines mächtigen Sturmes zu schildern. Die Scene spielt am Meer. Aus einer festlich erleuchteten Strandvilla sind soeben einige Frauengestalten hervorgetreten. Eine von ihnen, ganz in Weiss gekleidet, ist vorausgeeilt. Ist es eine Braut? Deuten die hellen Fenster auf ein Hochzeitsfest? Und erwartet die Braut ängstlich den Bräutigam, der vielleicht auf der Fahrt zur Geliebten ein Opfer des Sturms geworden ist? — Aus dem Bild wird es nicht klar. Absichtlich hat Munch den ganzen Vorgang ins Dunkel der Nacht gehüllt. Die Gestalten sollen nicht vortreten, ihre Mienen sollen nicht reden: der Sturm und seine gewaltige Natursprache ist das Wesentliche.

Munch versteht diese Sprache, sein pantheistischer Geist spricht sie klar und rein. Ist es seine Schuld, wenn sogenannte Kunstkenner ohne Uebersetzung nicht auskommen? Wenn das ganz symbolfreie, ganz unmittelbare Gemälde der Sterne (17) am Wenigsten verstanden wurde?

* * *

Die pantheistischen Empfindungen eines modernen Menschen zu begreifen, ist möglich nur bei einer Voraussetzung: die Aussenwelt selbst muss den Sinnen unmittelbar verständlich sein. Erst wenn man sich klar geworden ist über die äusseren Erscheinungen, kann man hoffen, auch die innere Triebkraft dieser Erscheinungen zu erfassen.

Das erklärt uns die Schaffensweise aller früheren Künstler und zugleich deren Gegensatz zur eigentlich modernen. Aus der Stimmung heraus suchte man früher die Farbe: heute bahnt man mit der Farbe sich einen Weg zur Stimmung. Es ist das kein einfacher Rückschlag, keine Antithese im Hegel'schen Sinne, denn die Stimmung von gestern ist eine andere wie die von heute. Die frühere war einfach, unzusammengesetzt, individuell zufällig. Sie war der Boden, von dem aus man die Eroberungszüge in die Welt der Erscheinungen wagen konnte. Tief und tiefer drang man von hier aus in diese Welt hinein, bis endlich die grosse Eroberung gelang, und die Welt der Naturwissenschaften, des Mikroskops und der Photographie klar sah und wiedergab, was um sie her sich zeigte.

Nun wagt man den umgekehrten Weg. Von der Welt der äusseren Erscheinungen, die man nun genau genug kennt, um sie als festen Rückhalt zu benutzen, schlägt man sich zurück in die Welt des Innern: von der Form zurück in die Stimmung. Aber diese Stimmung nimmt man nicht wie früher als etwas Unzuzammengesetztes, Einfaches: man erkennt ihre tiefere Natur, und indem es sich inniger und inniger in sie hineinlebt, macht das neue Geschlecht im mystischen Leben der Seele Entdeckungen, die an Grösse und Bedeutsamkeit den naturwissenschaftlich äusserlichen Entdeckungen des alten Geschlechts nichts nachgeben. — —

* * *

Eine flüchtige Farbenskizze, harmonisch, aber ausdruckslos schematisch, war der Ausgangspunkt beim Schaffen des alten Künstlers.

In sie hinein brachte er allmählich eine Welt von Formen, die er feiner und feiner ausarbeitete.

Alle diese Formen sind dem Künstler von heute bekannt, etwas von vornherein Gegebenes. Er überzeugt sich von ihrem Wesen in einer flüchtigen ersten Skizze. Wie in einem Brennpunkt lässt er hier die zahllosen Linien der Aussenwelt zusammenlaufen und zünden; mit der Flamme aber, die dann emporschlägt, leuchtet er hinein in das Innere seiner Seele, tiefer und tiefer sieht er hinunter in die Abgründe, die dort klaffen. So wird zum Anfang, was einst das Ende war; zum Ende aber, was nie den Alten auf ihrem Weg begegnete.

Sollte Edvard Munch wirklich auf so falschen Wegen wandeln? . . .

Meier-Graefe.

Sie hat schon oft darüber nachgedacht, so wie man nachdenkt mit 14 Jahren; ohne zu wollen und weich, und dann plötzlich ungestüm, ohne zu können. Mitten im Spiel überfiel sie's zuweilen, etwas Fremdes, das sich plötzlich in ihr quer stellte, nicht mehr mit wollte, lachte, wenn sie weinte und traurig war, wenn sie lachte. Es war oft so stark, dass sie erschrak, und ihr Gesicht bekam dann auf einmal einen urfremden Ausdruck, der an das Greisenhafte eines soeben geborenen Kindes erinnerte; sie kroch dann in sich hinein und horchte nach innen, es rumorte da etwas ganz nahe, nur durch eine dicke Wand von ihr getrennt, und sie fühlte ganz deutlich, wie es mit stillem Drohen zurückging und langsam wieder verschwand.

Eines Tages würde das, was sich immer zuzog, wenn sie hinschaute, offen bleiben, und sie würde sehen; es kam heraus aus seinem Versteck und stellte sich ihr gegenüber; und dann musste sie mit ihm kämpfen. Noch nicht, es bereitete sich noch zum Kampf, wuchs und wuchs; ihre Muskeln strengten sich an, wenn sie daran dachte, dass sie einen Feind mit sich herumtrug, der sich an ihrem Blute mästete, um stark genug zu werden, sie zu bekämpfen. O, es würde ihr nichts passieren, dachte sie mit der Furchtlosigkeit des Kindes, wenn sie nur artig wartete, bis es von selber kam. Aber sie gewöhnte sich; sie pflegte auch gegen das Verbot der Mutter, den Fliegen die Beine auszureissen — es konnte nichts passieren, weil es niemand sah. Und sie spielte mit ihrer Angst, sie drückte daran herum wie an einem Geschwür, das sich ausreift, sie stachelte sie heraus, dass ihr graute und sie zu den anderen lief, und wenn sie bei den anderen war, sehnte sie sich wieder und konnte nicht bleiben.

Sie führte ein geheimes Leben mit ihrer Angst und vergass die Wirklichkeit, eine neue Welt wuchs um sie empor, in der alle Dinge von früher einen anderen Ton und eine andere Farbe annahmen und in der neue Dinge entstanden. Ihre Sinne schärften sich, sie sah was sie früher nicht gesehen und hörte geheimnissvolle Laute, die den anderen verschlossen blieben. Alles suchte sie in stille Beziehungen zu dem Geheimen zu bringen, und was dem widerstand, verschwand ihr. Wenn man sie frug, antwortete sie verkehrt, weil die Worte einen eigenen Sinn für sie haben; sie war zu keinem Zweck der anderen mehr zu gebrauchen, denn ihre Zwecke waren denen der anderen wesensfremd.

Und sie spann und spann und sah, wie das Gewebe sich dichtete, und sie dachte an das, was kam, und ihr Mut härtete sich. Hinter dem Kirchhof floss ein Bach. Das Ufer fiel sanft zum Wasser hinab und war mit Gras bewachsen. Das war ihr Stelldichein mit dem Geheimen. Da lag sie sehr oft und sah in den Himmel mit kleinen listigen Augen.

Da oben war es.

Sie brauchte nur die Augen zu schliessen, dann senkte sich's langsam herab, immer tiefer und tiefer und zuletzt sehr schnell, um sie totzudrücken.

Aber sie riss immer noch zur rechten Zeit die Augen auf und lachte; sie wusste und war auf der Hut. Zuweilen überwog die Angst, so dass sie stundenlang nicht wagte, die Lider länger als zum Wechsel nötig zu schliessen. Aber die Verachtung wurde grösser. Ja, sie verachtete das Fremde, das sie im Schlaf zu überfallen drohte, sie das kleine Mädchen, anstatt offen zu ihr zu kommen. Und sie neckte sich mit ihm und zeigte ihm ihre Verachtung. Es kam ihr oft ganz nahe und suchte sie zu erschrecken, aber sie lief nicht mehr fort, sondern ging ganz langsam weiter, als ob sie nichts wüsste, oder blieb stehen und kräuselte die Lippen. Sie wurde kühn und lief in den Wald, wo er am dichtesten war oder stieg zur Dunkelstunde zum Speicher hinauf und spottete halblaut vor sich hin.

Aber es kam nicht.

Und sie fing an zu suchen, es dürstete sie nach dem Kampf, sie fühlte sich stark genug. Ihre Finger tasteten in dem Grase und bohrten sich in die weiche Erde. Sie breitete sich auf den Rücken, streckte die Arme aus, schloss die Augen und rief mit lauter Stimme: „Nun komm!" Und oft schloss sie blitzschnell die Arme und krallte sich in's eigene Fleisch, weil sie's zu packen wähnte.

Sie suchte es an ihrem Leibe. Stundenlang blickte sie aufmerksam in die Wellen und studierte ihr Spiegelbild, in dem sie etwas Fremdes zu sehen glaubte, das über ihren Rücken mit in das Wasser blickte; und sie hätte den Bach stauen und die Wellen glätten mögen, um das deutlicher vor sich zu haben. Zuweilen meinte sie es zwischen den Knieen oder zwischen den Zehen zu spüren, und rieb die Glieder aneinander, um es zu fassen. Ihre Glieder lernten ganz neue Bewegungen, und sie waren ihr immer zu wenig; die Haut hätte hundert Arme und Beine haben müssen. Oft glaubte sie, es sehen zu können, wenn sie nur die Kleider schnell genug vom Leibe gebracht hätte. Aber das Warten ermüdete sie und sie kam in einen merkwürdigen, schläfrigen Zustand, der ihre Kräfte zu lähmen schien. Sie machte sich nichts daraus, es war, als ob sie plötzlich Alles vergessen hätte, sie dachte wenig und ging selten nach der Stelle hinter dem Kirchhof, und wenn sie da war, wunderte sie sich über die Gedanken, die sie gehabt. Das Centrum, um das sie sich bewegt, schien verschwunden, sie ward träge und traurig und empfand fast einen Widerwillen vor sich selbst und ihren Gedanken.

Da eines Morgens wird sie von einem furchtbaren Stoss geweckt: als sei sie soeben vom Dach gesprungen und habe sich durch die Gewalt des Sprunges das Kinn auf dem Knie zerschlagen und die Zunge abgebissen. Es wackelt etwas in ihr, als habe sie sich irgendwo einen grossen Zahn gelockert, und sie schmeckt Blut, es muss da irgendwo bluten. — Sie sinkt langsam zurück,. leichenblass, es ist auf einmal eine unheimliche Stille in ihr, und wie sie in den Spiegel sieht, erblickt sie ein furchtbares, blutiges Lächeln in ihren Zügen, das sie sich nicht zu deuten vermag.

Und die Stunde kommt, da die Natur eine Pause macht wie vor einem tollen Orkan. Nicht Tag, nicht Nacht, es ist, als ob jemand eine riesige Hand in die Höhe reckte, und die Welt ist irgendwo da draussen.

Sie ist zum ersten Mal nackt, und sie ist allein, sie ist der einzige Mensch auf der Erde.

Sie sitzt da und wartet.

So sass Lucifer einst und wartete auf die Schöpfung der Erde.

Sie wartet auf ihre Stunde.

Sie will, und sie muss, und sie weiss, sie wird, und es ist gut so, sie hat Courage.

Es ist ein guter Tag, so ein Tag, um Millionen Fliegen zu Tode zu quälen, noch nie war ihr so kräftig zu Mute.

Sie ist nur Willen, starker nackter Willen, der sich wie ein Keil durch die dunklen Massen getrieben und den Weg freigemacht hat. Die ganze weite Ebene, das Feld, das von dem wüstesten Kampfe bald erschüttert werden soll, liegt vor ihr öde und leer, und die Ahnung dessen, was kommt, schwebt wie ein zitternder Nebel darüber.

Sie sitzt da und wartet, und sie wundert sich selbst über ihre kühle Ruhe. Ihr Auge brennt über das Schlachtfeld und hängt an dem Horizont, um den Feind noch als Punkt zu entdecken. Sie hat die Arme nebeneinander und die Hände zwischen den Knieen. Vom Halse läuft eine starke Ader über die Brust, das ist der Strick, der das ganze Netz festzieht, ihr ganzer Leib engt sich zusammen, nimmt so wenig Platz ein wie möglich. So wird sie ganz steif und starr. Aber in ihr regt sich etwas und duckt sich zum Katzensprunge. Es biegt sich nieder, um desto höher emporzuschnellen, und es ist stahlhart, dass alles, was darum ist, der ganze Leib, abzubröckeln scheint wie die spröde Farbe vom gebogenen Metall und das ewig Unveränderliche zum Vorschein kommt. Und so konzentriert lauscht sie, lauscht mit dem, was hinter den Sinnen steckt, mit dem nackten Gehirn. Hinter den Augen lauert sie hervor, vorsichtig, damit das, was kommt, nicht von ihrem Blick erschreckt wird; jede Zelle ist eine Lugscharte der Seele, sie kauert hinter ihrem Leibe, der Köder blinkt dem Wilde entgegen.

Und es rauscht in den Lüften wie von mächtigen Schwingen. Sie hält mit eisernen Fingern den Köder, dass er nicht zittert vor Furcht, sondern regungslos bleibt. Und da senkt sich langsam und schwer ein riesiger Schatten an ihre Seite. Sie sieht es, ohne den Kopf nach der Seite zu wenden, etwas Grosses und Dunkles, und sie hat ein wunderliches Gefühl auf der Haut, das sie an etwas erinnert. Ganz so hat sie sich's gedacht, ganz so, es ist gar nichts Wunderbares dabei, und sie duldet es, ohne mit der Wimper zu zucken. Und der Schatten zittert und legt sich mit unendlicher Vorsicht in ihre Konturen, ganz nahe schmiegt er sich an, saugt sich hinein in die weitgeöffneten Poren, unendlich zärtlich, er möchte bis ins Mark ihre Knochen, bis in die Seele, die Seele, die garnicht darin ist, die dahinter kauert und an den Nägeln nagt.

Und sie lacht, ein Lachen, das nicht an die Oberfläche kommt, ein Nebellächeln, das die Luft erzittert und den Schatten in Vibration versetzt.

Und sie schielt zur Seite und sieht sich an das Grosse, Dunkle, sie kann es nicht ganz übersehen, der Kopf überragt sie riesig. Aber sie braucht auch nicht mehr, sie weiss schon.

Das ist also das Männliche, mit dem sie sich herumzuschlagen hat in der Zukunft, das liebe, gute Männliche. Und sie lächelt etwas mutiger, wie es sich so geduldig und artig ihr zur Seite gelegt hat, und ist dabei so gross und stark.

Sie wird schon mit ihm fertig werden, sie wird's schon zu packen wissen, sie hat keine Angst davor, ach Du lieber Gott, nein.

O gewiss, es ist ganz nett, ganz spassig, man wird sich zusammen amüsieren, warum auch nicht! aber es muss sich erst ein wenig zurechtstutzen lassen, damit man etwas mit ihm anfangen kann. Namentlich nicht so gross darf es bleiben, die Grösse geniert. Ein wenig zurechtkneten muss man es — und sie sieht nachdenklich auf seine langgezogenen Glieder, die sich den ihrigen anschmiegen wie das Wasser dem Marmor.

Und wenn sie nun aufsteht, weiss sie, was sie wissen will, und es ist ein Weib mehr auf der Erde. Sie wird hingehen in die Länder und wohin es auch sei, überall folgt ihr ihr Schatten. Und so wenig wie der Schatten seinem Träger etwas thun kann, und sei er auch noch so gross, so wenig wird ihr der Mann etwas anhaben können. Sie ist so und bleibt so. Jetzt geht sie hin und wird den ersten Mann quälen, als habe sie schon hunderte gequält, und sie wird so verworfen sein, als sei sie schon im Mutterleib Dirne gewesen.

Was nützt alles Schreien und Klagen! So lange die Männer Hände haben, werden sie sich ihr entgegenrecken. Auch wir, wir mit den gebildeten Händen, wir, die wir wissen — erst recht! Um einen Zoll näher zu kommen, töten wir uns mit Vergnügen, und wenn sie uns die Hände abgehauen, recken wir noch die Stümpfe.

Und sie steht in dem Kreis der gereckten Hände und mag nicht einmal. Die dummen ewigen Hände! Zu langweilig, man hat's wirklich schwer mit ihnen; und sie thut noch, als sei sie die Verfolgte und Unterdrückte, und hebt das seidene Röckchen — dass wir ihr ja nicht zu nahe kommen!

Was nützt alles Schreien und Klagen! Kein Gott kann daran etwas ändern. Stillschweigend sich ergeben!

Sie hat ihre Waffe und lässt sie nicht

mehr aus den Händen. Gegen alles wird sie sie kehren, gegen Gott und den Teufel. Sie wird das Genie damit zwingen, dass es vertrottelt nur ihren Namen stammelt, und wird die Rohheit des Wilden bändigen, dass er sich zum Kissen ihrer Füsse zusammenkauert.

Und ich sehe sie am Ende ihrer glorreichen Laufbahn, wie sie den Tod umarmt, um auch mit ihm fertig zu werden. So einer war noch nicht da, der könnte sie beinahe reizen. Und sie umschlingt ihn und küsst ihn in das entsetzliche Auge. Was liegt ihr daran, dass es hohl ist! Ach was, sie hat schon schlimmere gehabt. Und sie presst seine Knochen in ihren Leib, in den blinkenden weichen Köder und frägt ihn frech mit lächelnder Dirnenlippe:

Tod, wo ist dein Stachel!

* * *

Es ist kein Maler, der das alles und noch viel mehr gemacht hat. Der Mensch, der so etwas schafft, ist nicht für eine kleine halbverweste Kunst geboren, in der er sich behaglich ausstreckt und die auszufüllen, sein höchster Lebezweck wäre. Ein ungeheurer

Willen kam auf die Welt. Er sah sich an, was da war, und fand, dass die Malerei die Form wäre, die ihn am wenigsten drücken würde. Er nahm sie, weil er schliesslich doch nicht nackt herumlaufen konnte, und zog sie an, so gut es ging. Die alten morschen Näthe platzten an allen Ecken und Enden, überall sah das Blanke hervor. Er scherte sich den Teufel darum, er war nicht eitel und Kälte gab's für ihn nicht. Er nahm das alte Gewand und dehnte es aus zu einem ungeheuren Organ, das ebenso dichten sollte wie malen und ebenso tönen wie sich's dem Auge bot. Das ging schon, er war der Mann, es zu können; aber freilich das, was früher war, schrumpfte unter den mächtigen Fäusten zu einer Karikatur zusammen, die komisch wirkte, wenn man sie über die Stuhllehne legte und mit Augen betrachtete, die sich an Bildern gebildet.

Aber das Auge, das sich an Naturkunststückchen und Farbenspielereien übersättigt und dem ein enger Naturalismus noch nicht die Seele geblindet, der ruhelose Geist, der vor lauter Empfindelei noch nicht um's Denken gekommen, für den war Munch's Kunst der Wutschrei nach Freiheit, den er mühsam zurückgehalten, dem barst der taube Felsen, der ihm bisher die Aussicht versperrt, und an dem er mit winzigem Hammer gehämmert, mit einem Mal auseinander, der fand plötzlich die Kraft, um die ihn die Herde gebracht, zu schaffen wie es ihm passte und schaffend glücklich zu sein.

Wunderbar war der erste Blick in die neue Welt, es riss einen auf die Kniee, um zu danken. Ein Reichtum lag da vor den Füssen, so gross, dass der Mut fehlte, sich zu freuen, man hätte sich im ersten Augenblick hineinwerfen mögen in den Strom und sich in der Fülle ertränken. Es gab also doch noch Dinge, denen man, ohne sich nach einem unmöglichen Gesichtswinkel hinauf- oder hinabzuschrauben, die Grösse ablesen konnte, Stoffe, die stofflich waren, es gab noch eine Natur, die ausser der Natur stand und nicht in's Märchenhafte geriet, es gab noch etwas für's Hirn, man durfte wieder denken.

O ja, aber der Sprung war enorm. An das Organ, das in Unthätigkeit verkümmert, das man mit vieler Mühe endlich zum Schweigen gebracht, wurden Ansprüche gestellt, so stark, dass es sich ängstlich zusammenzog und lieber ganz abstarb, anstatt sich neu zu beleben. Von einer solchen Psychologie hatten die Leute noch nichts gehört, weder von Zünftlern noch Künstlern.

Man mutete ihnen Konsequenzen zu, zu denen keine Brücke führte, die sie sich zu betreten getraut hätten. Statt der Courage sass ihnen unter dem gestärkten Hemd ein echtes Gefühl fin de siècle, die ewige Angst vor der Lächerlichkeit, Blague! das Auge auf der Schmutzpfütze, Pose und die Angst vor der Pose. Sogar die Natur posierte, man durfte selbst ihr nicht mal trauen. Grosse Sterne der untergehenden Epoche hatten es ihnen beigebracht. Nun sollten sie auf einmal wieder heraus aus dem bequemen Schneckenhause.

O ja, es ist nicht leicht.

Die Bilder, die ich vorher erzählt[*]), sagen wenig von der Psychologie Munch's, der Kunst, in der er als Maler der Grösste, weil der Einzige, ist. Sie wirken fast äusserlich gegen seine grandiosen Darstellungen elementarer Seelenstimmungen. Da ist er in Form und Stoff ganz neu. Von denen wird ein anderer sprechen. Ich habe nur den Teil der künstlerischen Persönlichkeit Munch's betrachten wollen, der am leichtesten zum Anbau der bewussten Brücke zu benutzen ist.

Denn schliesslich, herüber müsst Ihr

---

[*]) „Pubertät" „Das Weib und die Hände" „Tod und Liebe"

nun doch einmal, liebe Leute; also braucht die Gelegenheit, so bequem wird's Euch nicht wieder gemacht. — Ich habe seine Anschauung vom Weibe geben wollen, die durch alle zu dieser Gruppe gehörigen Gemälde hindurchgeht, weil sie eine überaus wichtige Eigenschaft Munch's hervorhebt, seine Männlichkeit.

Munch ist Mann und ein verdammt einseitiger Mann. Ohne das ist er gar nicht zu denken. Sein Hass gegen das Weib ist ehrlich und einfach, es ist der tiefe Hass des Adams gegen die Eva, in seinem Vorleben muss ihm mal das Weib einen Tritt versetzt haben, und das kann er in diesem Leben nicht vergessen. Er reflectiert nicht darüber, es ist ihm angeboren, er muss einfach, wie das Schwarze das Weisse hasst, und das Feuer das Wasser.

Aus dem Hass stammt die Kraft, mit der er das Pubertätsbildnis gemalt, das man als Titel vor die Weltgeschichte des Mannes setzen könnte, vor dem kein Mann stehen kann, ohne in seinem tiefsten Innern eine Wunde zu spüren, die er sich irgendwo mal geholt.

Man kann die Sache auch anders darstellen, gewiss. Mir fällt gleich einer ein, der sie anders malen würde, dem der Stoff sehr nahe liegt, ein „Maler" und als Maler sicher einer der besten, der den ganzen Zauber, den der Pinsel zu geben vermag, in der Hand hält, von Hofman; und es ist ganz interessant, die beiden auf diesem Niveau, das beiden noch ziemlich gemeinsam, nebeneinander zu stellen, da sich kaum ein grösserer Gegensatz denken lassen kann in der Behandlung desselben Stoffes.

Bei Hofmann wäre es ein Weib, das den „Frühling" erwartet. Es würde keuscher sein, zweifellos. Nichts versteht Hofmann besser, als die absolute Unberührtheit der erotischen Individualität darzustellen, jenen wunderbaren Zustand, in dem das Geschlecht die denkbar günstigste Form für die Eindrücke des anderen angenommen, den Moment, in dem fasst der Hauch eines Mannes das Weib befruchten könnte. Die Form wartet des Gusses. — Das wäre das rein physische Moment der Sache. Für das übrige sehen wir eine wunderbar schöne Natur den Leib umgeben, als Symbol des kommenden Genusses, meisterhaft, das können wenige wie Hofmann; vielleicht auch ein Schlängelein irgendwo unter einem Blatt, und sicher würde der ganze mystische Zauber in diesem Paradies stecken. der das

Auge trunken macht und bei dem sich so wunderbar träumen lässt.

Aber wir sind ein wenig argwöhnisch geworden. Wir haben zu oft dieselbe mystische Stimmung für die verschiedensten Zustände angewandt gesehen, für uns ist diese allgemeine Mystik nicht mehr der gefällige bunte Vorhang, mit dem man im entscheidenden Moment vorlaute Fragen summarisch beschwichtigt. Wir wollen mehr, wir haben Hunger und verdammt wenig Respekt.

Und wenn man über das Schlängelein wegsteigt und die Sträuche auseinanderbiegt, so sieht man auf einmal in schöne blaue Luft und ärgert sich vielleicht ein wenig, dass man so vorwitzig war.

Ich sage Hofmann nichts Neues. Er ist zu ehrlicher Künstler und malt zu gut, um diese Grenzen nicht selbst zu erkennen. Er will nicht weiter und es geht auch nicht mit diesen Mitteln. Mit denen bleibt die Sache ein rein äusserlicher Vorgang, die dürftige Darstellung eines physischen Aktes: dürftig, denn ohne Perspektive lässt sich nicht mal die pathologische Seite des Aktes äusserlich so genau feststellen, wie man es wohl möchte, wenn einmal dies Interesse angeregt wird. — Im Psychischen aber bleibt auf die Manier alles nebelhaft und man erkennt nicht mal den elementaren Unterschied zwischen der Pubertät des Knaben und der des Mädchen.

Was Munch bei dem Bilde geholfen, ist das Männliche in ihm, das mit unwiderleglicher Stärke sagt: So ist sie, so war sie und so wird sie sein.

Sehr einseitig vielleicht, aber indiskutabel. Ihm ist sie so, daran lässt sich nun mal nichts ändern.

Hofmann steht dem Problem freier gegenüber, aber diese Freiheit drückt seiner Kunst alle die Mängel auf, die bei Munch zu Vorzügen werden. Neben ihm wirkt er fast geschlechtslos, und er steht nicht über Mann und Weib, sondern zwischen ihnen und er scheint dem Weibe fast näher wie dem Manne. Ich glaube nicht, dass er selber weiss, wo er steht.

Wo bleibt da das Interesse?

Bei dem Pinsel.

Also ein Akt, der genommen wird, um gewisse Farbenkombinationen zu zeigen, wie man früher das Drama nahm, um gewisse gute Gedanken zum Ausdruck zu bringen. — Nun könnte sich die Sache mal ein wenig umkehren. — —

Warum kokettieren! wozu das Halbe! Mögen das doch die Leute thun, die nicht anders können. Schade um die Stoffvergeudung!

Man könnte nach dieser Betonung des philosophischen Elements im Werke Munch's glauben, er ermangele in den Augen des Autors jener Qualitäten, die die neuen Coloristen, Hofmann in Deutschland vor allen auszeichnen, über deren eminente Bedeutung sich jetzt selbst das Ausstellungspublikum aufzuklären beginnt. — Der Autor würde der Verteilung der Aufgaben in diesem Werk zuwiderhandeln, wenn er den Farbensinn und die Technik zu würdigen versuchte ohne die die gewaltigen Aufgaben Munch's unausführbar wären.

M.-G.

Gut, man sei Maler, gebe uns Farbensymphonieen und überlasse es uns, uns die Sensationen zu verschaffen, die wir mögen und können. Wir werden schon; nur nicht gar zu klein von dem bischen Hirn denken, es ist doch nun einmal da.

Oder man erzähle uns Geschichten! aber dann so wie Munch! mindestens so, und womöglich noch etwas mehr!

Gedruckt in der Druckerei von

A. KLARBAUM, BERLIN SO.
Reichenbergerstrasse 154

im Auftrage von

S. FISCHER VERLAG, BERLIN W.
Köthener Strasse 44.